LES JOURS SAUVAGES

Glénat

Carte illustrée p. 4 : Fanny Gras
Conception graphique et mise en page : Michel Barthelemy et Marie Le Bail
Préparation de copie et relecture : Vanessa Beucher
Prépresse et fabrication : Glénat Production

Couvent Sainte-Cécile – 37, rue Servan – 38000 Grenoble
www.glenat.com
contact@glenat.com

ISBN : 978-2-344-07081-9 / 001
Dépôt légal : octobre 2025

Aurélien Lardy
Alexandre Marchesseau
Christophe Tricou

LES JOURS SAUVAGES

Glénat

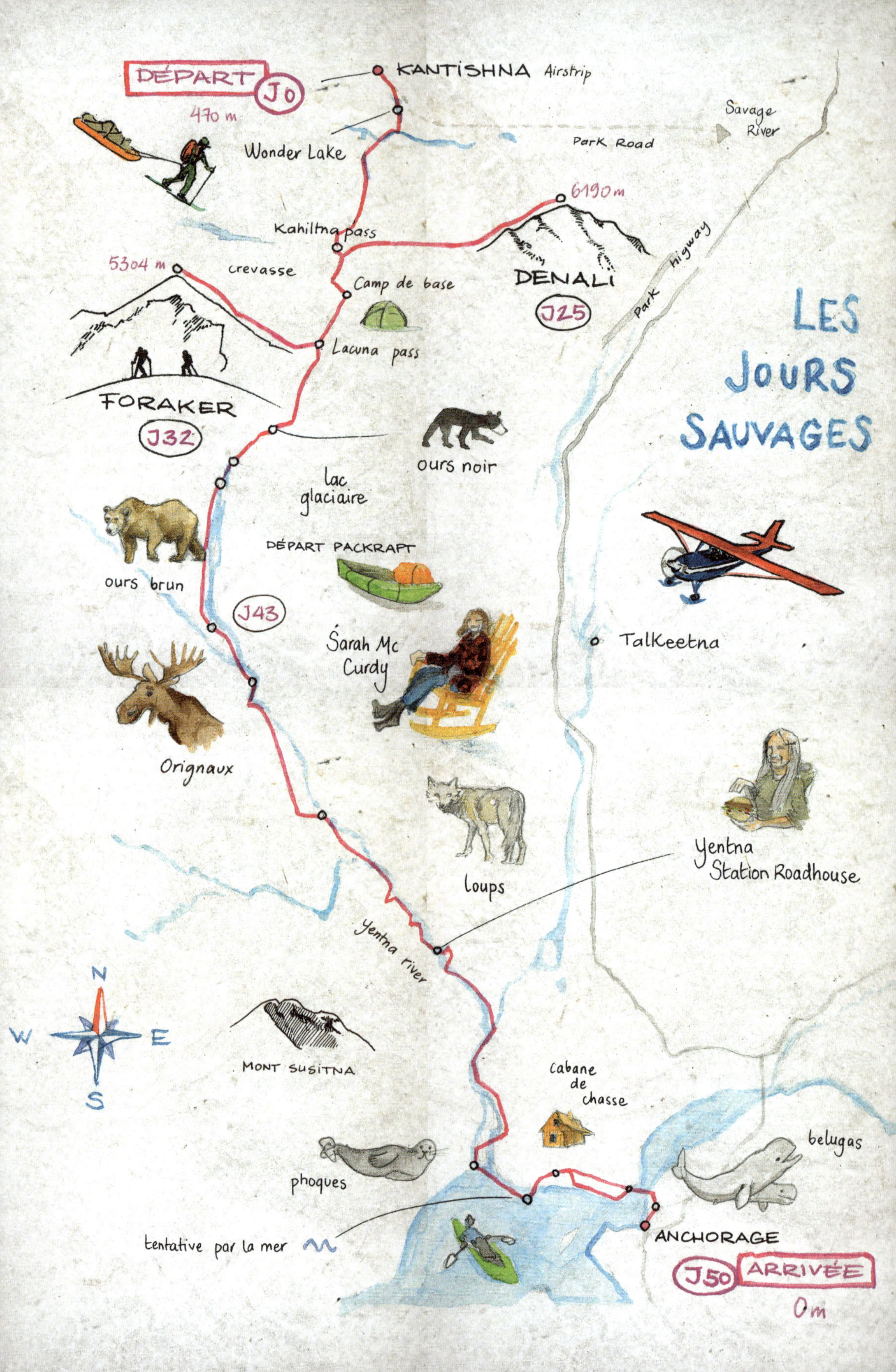

LES JOURS SAUVAGES
DÉPART J0
470 m
KANTISHNA Airstrip
Wonder Lake
Savage River
Park Road
6190 m
Kahiltna pass
DENALI
J25
5304 m
crevasse
Camp de base
Lacuna pass
Park higway
FORAKER
J32
ours noir
lac glaciaire
ours brun
DÉPART PACKRAFT
J43
Sarah Mc Curdy
Talkeetna
Orignaux
loups
Yentna Station Roadhouse
Yentna river
N
W
E
S
MONT SUSITNA
cabane de chasse
phoques
belugas
tentative par la mer
ANCHORAGE
J50 ARRIVÉE
0 m

SOMMAIRE

08 INTRODUCTION

10 GENÈSE

20 L'AMÉRIQUE

24 FAUX DÉPART

32 PHASE 1 : STAR HIGHWAY

34 LA RUÉE VERS L'OR BLANC
44 LES PORTES DE LA HAUTE MONTAGNE
52 LA CREVASSE

62 PHASE 2 : LE TEMPS DE LA HAUTE ALTITUDE

64 RETOUR SUR TERRE
70 SUR LE DENALI
74 LE JOUR LE PLUS HAUT
84 DÉMESURE AU FORAKER
88 *SULTANA RID(G)E*

92 PHASE 3 : LA LONGUE ROUTE VERS L'OCÉAN

94 CIAO BASE CAMP
98 RENAISSANCE
104 LE BUSH ET LA MORAINE
108 L'OURS
110 EN RASE-MOTTES SOUS LA « CANOPÉE »
114 LA RIVIÈRE
122 *BACK TO THE USA*
126 L'AVENTURE JUSQU'AU BOUT

136 LE RÉALISATEUR

138 LE PRODUCTEUR

142 REMERCIEMENTS

143 BIBLIOGRAPHIE

ALEXANDRE MARCHESSEAU

33 ans

SPOT PRÉFÉRÉ

Alaska pour la puissance des éléments / Chamonix dans un run en face ouest pour la douceur du coucher de soleil

SPÉCIALITÉS

Monoski / aventures

AVENTURES RÉALISÉES

Bolivie / Népal / Inde / Pakistan / Géorgie / Kirghizistan / Alaska

AURÉLIEN LARDY

26 ans

SPOT PRÉFÉRÉ

Alaska

SPÉCIALITÉS

La glisse dans toute sa largeur

AVENTURES RÉALISÉES

Japon / Pérou / Kirghizistan / Patagonie

HÉLIAS MILLERIOUX

36 ans

SPOT PRÉFÉRÉ
Pakistan

SPÉCIALITÉS
Alpinisme / ski / aventures

AVENTURES RÉALISÉES
Pakistan / Népal / Argentine / Pérou / Alaska

CHRISTOPHE TRICOU

33 ans

SPOT PRÉFÉRÉ
Aux commandes de sa voile de parapente au milieu des sommets pakistanais avec les skis aux pieds

SPÉCIALITÉS
Parapente / wingsuit / ski

AVENTURES RÉALISÉES
Népal / Pakistan / Alaska / Taninges

INTRODUCTION

À mi-parcours, après avoir atteint le sommet du Denali, plus haut sommet du continent nord-américain.

J49. À pied le long de l'océan.

Aurel

« ALASKA, TERRE DE RÉCITS ET D'AVENTURES, TERRE D'IMMENSITÉS. COMMENT POURRAIS-JE ME PROJETER VERS TOI ? TU ES SI LOIN, TU SEMBLES APPARTENIR À UN TOUT AUTRE UNIVERS DEPUIS MON APPARTEMENT DE CHAMONIX. JE TE CRAINS ET T'IDOLÂTRE. SUIS-JE PRÊT À ME FROTTER À TOI ? À VINGT-SIX ANS, J'AI DÉJÀ QUELQUES EXPÉDITIONS DERRIÈRE MOI, PARFOIS LONGUES ET DIFFICILES. MAIS LE PROJET QUI VA NOUS CONDUIRE JUSQU'À TOI EST ABSOLUMENT ÉNORME : JE N'AI JAMAIS PARTICIPÉ À UN VOYAGE D'UNE TELLE AMPLEUR. COMMENT PUIS-JE M'Y PRÉPARER ? CE SERA UN GRAND SAUT DANS L'INCONNU : DANS LA NATURE SAUVAGE DES MONTAGNES D'ALASKA. »

GENÈSE

Anse du Loc'h,
Finistère, été 2022.

La cabane d'Ambroise.

Alex

Durant l'été 2022, je choisis de passer la saison à la pointe du Raz en Bretagne. Je roule sans destination précise sur le cap Sizun et découvre l'anse du Loch au coucher du soleil. Malgré le contre-jour, je distingue une petite maison au-dessus de la baie. En quête d'un toit pour la nuit, je décide de me garer.

Depuis le hameau de Keringar, j'emprunte le chemin jusqu'à la pointe du Mouton qui surplombe le Loch et la pointe de Plogoff. La petite cabane grise, d'un pittoresque inspirant, est posée là, livrée aux quatre vents. Leur souffle donne vie à la vieille charpente qui craque et vibre en permanence. À l'intérieur, une seule pièce composée d'une grande table, d'un poêle et d'un escalier bleu. À l'étage, quelques matelas et une lucarne pour admirer le port du Loch. Pas d'électricité, pas d'eau courante. Cette maison a été construite dans les années 1960 par Ambroise L'Hénoret, un ancien instituteur qui vit toujours dans le village voisin. Avec sa Vespa, il s'est acharné durant des années à monter le matériel et à finir son projet.

Le lendemain, il me donne l'autorisation de rester quelques semaines dans son bout du monde. Je séjourne donc là, vivant au rythme des marées et des tempêtes. Presque chaque soir, des randonneurs me tiennent compagnie. C'est bien souvent pour eux le dernier soir d'une belle et grande aventure, dans un environnement parfois hostile, à arpenter le sentier douanier qui longe la côte. La plupart s'arrêtent le lendemain à Audierne et je sens que, le soir dans la cabane, ils relâchent la pression, fatigués mais grandis de cette expérience partagée en famille ou entre amis.

Pour moi, ce lieu va devenir la genèse de l'aventure d'une vie.

Alors que les randonneurs usent leurs semelles, je travaille sur des cartes de l'Alaska et du Yukon pour un projet de livre. Je feuillette ainsi l'atlas *Benchmark Maps* au 1:75 000 et me perds dans le *Denali range*, le massif du Denali. Il est si grand qu'il s'étend sur sept pages. Depuis mon expédition avec Hélias Millerioux au mont Logan dans le Yukon, j'aime imaginer des lignes

esthétiques qui traversent ces massifs nord-américains à skis et en rafting. Me projeter dans cette joie immense que procurent ces espaces sauvages et hostiles. Pour m'y sentir à ma place, avec mes camarades de glisse. Cette harmonie me paraît fondamentale en expédition.
La journée se déroule sous le crachin et il fait presque nuit. Mon nez touche bientôt le port d'Anchorage quand je me décide enfin à allumer le poêle et les bougies. Je découpe alors toutes les pages de l'atlas et les assemble sur la grande table de la cabane pour créer une carte géante du Denali jusqu'à l'océan Pacifique. Heureusement, personne n'est venu dîner ce soir-là. Toute la nuit, je dessine la première version d'une traversée. L'idée est de partir de la dernière route pour rentrer dans le massif, grimper et skier le Denali, sortir de la chaîne de montagnes et descendre en rafting jusqu'à l'océan. Pour cela, il nous faut des skis, des luges, des bateaux gonflables, de la nourriture, du combustible...
Vers 5 heures du matin, une rafale fait claquer un carreau sur la fenêtre et me sort de mes pensées sauvages. Je prends une photo du trait rouge qui raie la carte et l'envoie à Hélias avant d'aller me coucher.
Au petit matin, il pleut toujours. En caleçon dans la maison, je tiens un café dans une main et Hélias dans l'autre. « Alors, as-tu reçu la photo que je t'ai envoyée cette nuit ?
– Oui, et c'est très drôle car, avec Aurélien Lardy, on voulait justement partir là-bas ce printemps. Juste pour skier des trucs chouettes au Denali et au Foraker en mode classique : avion, camp de base, sommets, retour. Mais cette traversée a l'air incroyable.
– Rien ne vous empêche de garder le même plan en y ajoutant une touche éthique. Départ à pied depuis la vallée et retour en bateau.
– Je serais chaud si on tente le Denali ET le Foraker durant la traversée. J'ai déjà gravi deux fois le Denali dans ma vie, j'aimerais bien aller voir son jumeau.
– Tu ne penses pas que ça va être trop dur physiquement, d'enchaîner les deux sommets puis de rentrer ?
– On prendra des *days off*...
– Alors OK.
– J'en parle à Aurel. »
Tout de suite après avoir raccroché, je sors en caleçon sous la pluie battante. Le grain me fouette le visage et les jambes. Je me mets à rigoler en pensant au poids de nos luges tractées le jour du départ. Plus le vent force et plus je rigole, les bras levés vers le ciel. Mon t-shirt est trempé et ma tasse de café remplie d'eau. En me retournant, je vois soudain une famille emmitouflée dans des ponchos rouges, tous identiques. Ils me regardent comme si j'étais fou.
« Belle journée, n'est-ce pas ? » lancé-je avant de sauter dans la cabane pour me mettre à l'abri.

Grâce aux incroyables photos de Bradford Washburn prises depuis un avion dans les années 1950, nous construisons progressivement la traversée. Mais quelques semaines plus tard, nous apprenons que le chemin initialement prévu est impraticable depuis deux ans à cause d'une surge glaciaire[1] sur le glacier Muldrow. Il s'agissait de la voie historique de la première ascension que nous envisagions de grimper pour rejoindre le sommet du Denali avant de descendre par la *West Buttress route*[2].

[1] Une surge glaciaire est une accélération brutale de l'écoulement d'un glacier. Souvent brève (quelques mois ou années), elle a pour conséquence la formation d'un chaos de crevasses qui rend impossible toute progression.
[2] Voie normale actuelle défrichée par Bradford Washburn en 1951.

La cabane de la pointe du Mouton avant la tempête Cioran, en 2023.

« TOUTE LA NUIT, JE DESSINE LA PREMIÈRE VERSION D'UNE TRAVERSÉE. »

Mais, en étudiant davantage les cartes, nous découvrons une route secondaire : la Park Road. Elle relie la Park Highway à Kantishna, un ancien village de mineurs. C'est d'ici que partaient les expéditions vers le Denali avant l'avènement de l'avion pour accéder au camp de base. Avec ce nouvel itinéraire, nous pourrons facilement tirer nos luges avant de rentrer dans le massif par le glacier Peters, qui longe la colossale face nord du Denali. Tout au fond de cette vallée glaciaire, le col de Kahiltna est la clé pour basculer sur le versant sud du massif et rallier le camp de base du Denali et du Foraker. Une fois installés sur l'adret, nous effectuerons l'ascension et la descente à skis de ces deux sommets avant de continuer, comme prévu, vers l'océan Pacifique. Le delta de la rivière Yentna n'est qu'à 30 kilomètres de la ville : ainsi, pour des raisons logistiques de récupération et pour la beauté de la traversée, nous décidons de terminer en packrafts (des kayaks gonflables monoplaces) jusqu'à Anchorage.

FÉVRIER 2023

Nous sommes tous chez moi à Chamonix, réunis autour d'un couscous. Il y a bien sûr Hélias et Aurel et j'ai proposé à mon vieux compère d'aventures, Christophe Tricou, de venir dîner à la maison pour discuter d'un projet de « vacances sympas ». Sont également présents Pascal Barneville et Bastien Ehouzan de L'Endroit Films, que nous connaissons peu mais qui sont intrigués par cette idée loufoque. Les deux amis pensent à Yohan Guignard pour réaliser le film de l'expédition. Il vient de terminer son premier documentaire sur la montagne où il a justement rencontré Hélias. Il connaît peu ce milieu et c'est très bien comme ça car nous voulons réaliser une œuvre différente des films d'aventures classiques. L'Endroit Films propose de produire non seulement le long métrage mais aussi l'expédition tout entière. Nous sommes comblés.
D'aucuns diront que nous formons un vrai *boy's club*. Bien vu ! Un club bariolé et pétillant avec des cœurs gros comme le Denali.

25 jours d'autonomie, 180 km à pieds
et trois premières descentes.

Aurel

PRINTEMPS 2022

Nous sommes partis avec Hélias au Kirghizistan pour réaliser des descentes sur des montagnes vierges de tout engin de glisse. Situées aux confins du massif du Tien Shan, à la frontière chinoise, ces montagnes de 5 000 mètres où nous avons skié trois nouvelles lignes sont à la croisée des mondes. Avec Hélias, nous nous connaissions peu, mais après avoir partagé notre tente durant 25 jours, nous avons tissé un lien d'amitié, intensifié sur les arêtes effilées et dans les descentes vertigineuses de cette expédition.
Aussitôt rentrés, nous discutons des projets pour l'année suivante. Hélias me parle de l'Alaska comme du « paradis sur terre pour les skieurs ». Il aimerait retourner dans le secteur du Denali, la plus haute montagne d'Amérique du Nord avec ses 6 200 mètres, et, surtout, la plus grande montagne de la planète en termes de dénivellation. Il y avait gravi la *Slovak Direct* dans la face sud il y a une dizaine d'années. Il avait alors l'âge que j'ai aujourd'hui. Cette fois-ci, il est obnubilé par le géant Foraker, qui se tient fièrement en face du Denali. Un monstre de 5 304 mètres et d'une dénivellation totale de 3 600 mètres de la base au sommet. C'est le second plus haut sommet du massif. Cette histoire me motive vraiment. Sans même avoir une idée du budget, je dis « OUI » !

À partir de là, Hélias appelle Alex, qui a justement une idée de traversée du Denali, mais avec une approche qu'il nomme le « style alpin-pionnier ». C'est ainsi que notre grande aventure de 50 jours en Alaska débute. Dès lors, notre projet initial, plutôt simple d'un point de vue logistique, prend un virage radical et se transforme en une traversée sauvage et engagée du parc du Denali, du nord au sud : 500 kilomètres en totale autonomie, avec l'ascension et la descente à skis du Denali et du Foraker puis le parcours en packraft de la rivière Yentna, de sa source à son embouchure, jusqu'à Anchorage.

Je suis heureux et fier de partir avec ces gars-là, des pointures, sinon des « légendes » dans leur domaine. Ils ont de l'expérience. Plus que moi. Ils sont plus âgés et plus expérimentés.

Nous partons grâce à une solide structure pour nous épauler : L'Endroit Films. Il est prévu que Pascal et Yohan nous lâchent dans la nature et nous récupèrent 50 jours plus tard à Anchorage.

L'équipe est motivée, mais la logistique est colossale. Il faut dire que nous sommes quatre « guignols des cimes » : pas stressés, un peu trop détendus, et ce, jusqu'au dernier moment.

L'équipe autour de l'aventure et du film *Chronoception*.

LE STYLE ALPIN-PIONNIER

SELON ALEX

Hélias et Alex contournent le mont Logan lors d'une traversée de 45 jours, en 2019.

Il consiste à partir d'un point A pour rejoindre un point B sur plusieurs centaines de kilomètres en totale autonomie. Au passage, il est prévu de grimper, skier, voler, naviguer... Il est inspiré de l'esprit d'aventure et d'engagement des expéditions du début du XXe siècle, mais avec le matériel et le niveau technique d'aujourd'hui.

Les aspects esthétiques et éthiques de la traversée sont primordiaux. Ce style est porté par la camaraderie, l'immersion et le partage durant l'expédition et à son retour. Dans le récit, la notion de performance n'est pas mise au premier plan. L'expression « *heavy and slow* » en découle, à contre-courant du « *fast and light* » en vogue aujourd'hui. L'empreinte carbone est aussi un point important. En ce sens, notre traversée n'a pas été réalisée dans un pur style alpin-pionnier : nous avons utilisé l'avion pour nous rendre en Alaska et, malheureusement, à Kantishna (voir le chapitre Faux départ page 24).

Au téléphone

Hélias : On veut traverser tout le massif du nord au sud…

Alex : La totalité de la traversée, c'est environ 450 km, on a 50 jours de nourriture, en complète autonomie.

Ranger du Denali : Je ne savais pas que c'était possible de faire ça.

Hélias : Si, si, on a regardé sur les cartes et sur Google Earth, on est presque sûr qu'on peut passer.

L'ÉQUIPE SELON AUREL

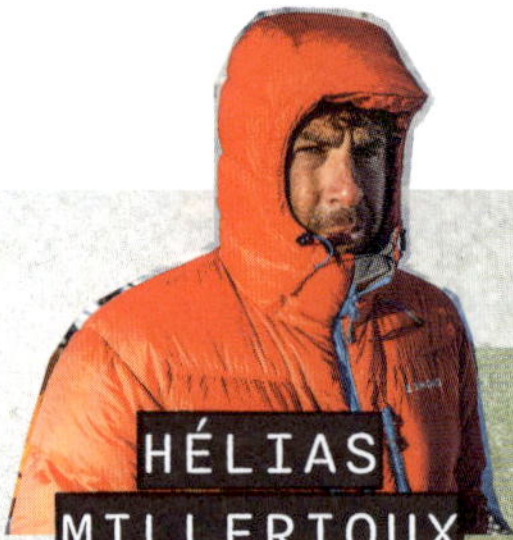

HÉLIAS MILLERIOUX

Guide de haute montagne et Piolet d'Or 2018 pour l'ascension du Nuptse (7 861 mètres) par la face sud, après trois expéditions en trois ans pour parvenir à fouler son sommet. Un ours au pays des ours.

AURÉLIEN LARDY (selon Alex)

Ancien compétiteur en ski alpin, devenu skieur professionnel, adepte de la pente raide et des expéditions. Une gueule, des tatouages et un bagou qui tranche avec le profil habituel des athlètes de haut niveau. Un toucher de neige magistral et une sensibilité rare à ce niveau d'engagement.

CHRISTOPHE TRICOU

Guide de haute montagne, parapentiste de haut niveau, wingsuiteur, skipper et j'en passe, véritable touche-à-tout bourré de talents et de rêves d'enfant. Lui non plus n'a jamais réalisé ce genre d'expédition. Je suis rassuré de ne pas être le seul « non averti ».

ALEXANDRE MARCHESSEAU

Citoyen engagé, guide de haute montagne singulier et aventurier comme il n'en existe plus. Il a effectué la traversée du mont Logan en monoski en 2019, avec Hélias et Thomas Delfino.

Deux mois avant le départ, nous sommes nulle part et partout à la fois : il faut encore gérer les permis d'ascension, le budget, la récupération du matériel, la nourriture, les packrafts, les billets d'avion, etc.

Faisant preuve de persuasion et d'entêtement, Hélias, un soir de mars 2023, passe un coup de téléphone héroïque aux rangers du parc du Denali et obtient notre permis vers le sommet. Cet épisode donne lieu à une scène de quiproquos linguistiques burlesques présente en introduction du film. Beaucoup de spectateurs nous ont demandé si elle avait été inventée : ce n'est pas le cas ! Le ton du film est donné, à l'image de ses personnages…

S'ensuit un mois-marathon de préparation, de déplacements et d'un unique entraînement en eaux vives dans le torrent de la Dranse à Morzine, où Alex et moi nous retournons dès le premier rapide venu. Encourageant pour la suite !

Mais, début avril 2023, nous sommes finalement prêts pour le grand départ.

RÉALISER UN FILM D'EXPÉDITION

YOHAN GUIGNARD

L'équipe de tournage au grand complet.

C'est lors d'un tournage sur le mont Blanc que j'ai rencontré Hélias. Il était mon guide et, pendant ces heures d'ascension entre les crevasses et les séracs où il n'avait pas arrêté de parler, me racontant sa vie, ses aventures rocambolesques et romantiques, notre amitié s'est scellée. Au sommet j'avais complètement oublié ma peur du vide et découvert un personnage aussi fascinant qu'attachant.

Bastien Ehouzan, Pascal Barneville et Maud Deschambres de L'Endroit Films, avec lesquels je pense et crée des films, me parlent de la volonté d'Hélias et Alex de nous associer à eux pour leur prochaine aventure en Alaska en nous proposant d'en réaliser le film.

Très excité par cette idée, je n'en suis pas moins intimidé. Comment appréhender un film sur une aventure que je ne vais pas vivre ? Surtout lorsque je ne viens pas de ce milieu ? Je n'ai pas l'habitude des récits d'expéditions ou d'alpinisme. Mes longs métrages sont toujours basés sur des personnages complexes qui, en traversant des épreuves difficiles, qu'elles soient physiques ou mentales, racontent la société et le monde à leur façon.

Sur ce film-là, je sens que je ne vais pas avoir beaucoup de maîtrise. Mais lorsque, pour la première fois, je vois réunis les quatre compagnons de ce projet fou, je sens que le film va marcher quoi qu'il arrive. Chacun a du charisme et une personnalité très tranchée. Originaux, parfois caricaturaux, ils sont déjà les personnages d'un film et une énergie fascinante circule entre eux. Ça promet des moments intenses et uniques.

Alex veut que l'on pense le film ensemble et je suis bien content que l'on jette des bases de références communes comme *Les Ascensions* de Werner Herzog. On est d'accord, on ne veut pas réaliser un film de montagne comme les autres. Nous parlons de l'aventure humaine que va être ce voyage au fin fond de l'Alaska. Quatre mecs dans une tente pendant 50 jours dans des situations extrêmes. Arriver à créer une microsociété, faire en sorte que ça ne coince pas, voilà la vraie aventure et le cœur du film !

L'idée est que je filme les préparatifs jusqu'à leur départ et que je les retrouve à leur arrivée 50 jours plus tard. Entre ces deux moments, ils vont devoir se filmer eux-mêmes. Les caméras seront rechargées grâce à des panneaux solaires étalés sur les luges. Il me reste donc à leur transmettre quelques conseils, des caméras et à prier les dieux du cinéma pour que cela fonctionne.

L'AMÉRIQUE

L'Amérique, le pays de la liberté.

Environ 450 kg de matériel et de vivres pour 50 jours d'autonomie. Le départ est imminent.

Aurel

8 avril, jour du départ. J'ai mis du temps à assimiler l'idée de cette traversée. Je commence à cogiter. Je n'ai jamais réalisé ce genre d'expédition. Est-ce que je suis prêt ? Est-ce que mon corps et mon mental vont tenir ? Mon père m'a souvent dit : « Le train ne s'arrête qu'une fois en gare, soit tu le regardes passer, soit tu sautes dedans ! » Je veux savoir de quoi je suis fait.

Une voix féminine et impersonnelle interpelle l'ensemble des personnes présentes dans l'aérogare : « *Your attention please*, embarquement immédiat pour le vol AA 6190 plan B ». Plan B ? Elle a bien dit plan B ?

Nous atterrissons deux jours plus tard dans ce pays dont j'ai tant rêvé, les États-Unis. D'abord Seattle, où nous faisons une courte escale. L'attente à l'aéroport est aussi américaine que je l'imaginais. De grandes files sont formées, strictes et remplies d'une tension palpable. Des policiers tournent dans le hall avec des chiens, chemises impeccables et moustaches de rigueur. L'*American dream* commence ici !

Puis, arrivée à Anchorage, la plus grande ville d'Alaska avec presque 300 000 habitants, soit plus de 40 % du total des êtres humains vivant dans cet État, le plus vaste du pays (l'équivalent de trois fois la France). C'est ici que nous posons notre camp de base pour une semaine. Il nous faut acheter de la nourriture et du matériel. Tout est pesé. Les quantités sont astronomiques. Plus nous nous approvisionnons, plus nous réalisons à quel point nos luges vont être énormes et lourdes à tirer. On se rassure en se disant que plus les jours passeront, plus les luges s'allégeront. Durant cette semaine à errer en slip dans le grand salon de notre maison américaine, nous préparons soigneusement les paquetages. Nous découvrons le poids final de nos fardeaux : 115 kg chacun !

Nous allons nous faire secouer les lombaires. Mais nous ne sommes pas pressés : nous prévoyons 55 jours de vivres. À l'heure où le *« fast and light »* connaît un franc succès, nous nous chargeons comme des mules. Mais ça me plaît d'être à contre-courant... Merci Alex pour cette idée cauchemardesque, on va passer un sacré moment là-haut, dans les nuages.

Le jour J approche. Les ultimes détails se règlent tandis que Chris passe au crible nos embarcations pour les rendre étanches. Il scrute nos prototypes de packrafts *ultra light* de la marque française Jaws. Ils ont été conçus avec le Groupe militaire de haute montagne (GMHM) pour la traversée du Hielo Continental, en Patagonie, en 2022. Chaque soir, Docteur Tricou bichonne ses quatre bananes géantes, gonflées au milieu du salon. Durant de longues minutes, il prend leur pouls, l'oreille collée sur le thermoplastique vert, pour guetter la moindre perte en air. On le remerciera plus tard, dans les redoutables rapides de la rivière Yentna, où nos embarcations, pliées et malmenées par les vagues, se révéleront d'une solidité presque irréprochable. Mais nous n'en sommes pas encore là.

Hélias et Alex ont géré la logistique d'une main de maître. Qui d'autre que des aventuriers aguerris comme eux aurait pu aussi bien organiser ce périple de 50 jours dans le *wild* d'Alaska ?

Aurel : Bon bah allez, on va pas pouvoir tricher là. Tu vas voir la vraie nature des gens et je vais découvrir la mienne aussi.

Chris : C'est pour ça qu'on est là en fait, on est dans une quête, celle de nous-mêmes.

LE TOURNAGE COMMENCE

YOHAN GUIGNARD

Pendant qu'ils préparent leur matos, je me concentre à les filmer. Même si je sais qu'on en retiendra seulement quelques secondes, il m'importe de bien raconter cette partie au début du film. Derrière la caméra, je me marre à les regarder s'engueuler dans les magasins, réfléchir des heures à quel bidon sera le mieux, errer entre les rayons de cheddar et de *beef jerky*. Surtout, je les découvre ensemble et capte encore davantage les caractères et les dynamiques du groupe. Alex et Hélias sont le vieux couple, Aurel est le petit jeune qui découvre et Chris est le gai négociateur qui désamorce les conflits en deux secondes. Une joyeuse bande...
Mais il va bientôt falloir passer la main. Entre les skis et le matos d'alpinisme, je me concentre sur le matériel vidéo et son. La table est remplie de caméras de toutes sortes, cartes SD, objectifs photo, enregistreurs de son, câbles, batteries, panneaux solaires... Je culpabilise de leur rajouter autant de poids et je n'aime pas cette profusion de matériel. Mais je sais qu'il leur faudra avoir le choix entre plusieurs possibilités suivant les situations et qu'ils ne seront pas à l'abri d'une ou plusieurs caméras gelées ou englouties par une crevasse ou par une rivière.

Je réunis les gars autour de la table. Je tente, tant bien que mal, une petite formation technique et répartis le matos. Hélias et Alex auront les boîtiers, Chris le drone et Aurel une petite Handycam facile à utiliser. Chacun une GoPro ou caméra 360 et son téléphone. On checke, on teste, ça va le faire.

Nous passons aux discussions autour du long-métrage. Comment filmer, quand et pourquoi ? Avec Alex, on voulait se concentrer sur l'aspect humain plus que sur le spectaculaire et l'exploit. Alors, je leur file deux ou trois règles, des mantras de documentariste qu'ils devront garder en tête. Ne pas expliquer ce qu'ils sont en train de filmer pour laisser la place au spectateur de comprendre par lui-même. Faire tourner les caméras même quand ils ont l'impression qu'il ne se passe rien car c'est justement là que ça peut être intéressant : « S'il y a de la tension entre vous, sortez les caméras ! Je veux des engueulades, du rire et du silence. De la vie en somme ! »
Je ne vais pas être déçu...

FAUX DÉPART

Christophe pensant fouler les derniers hectomètres de route avant de s'enfoncer dans les espaces sauvages. C'était sans compter sur les rangers du parc...

L'équipe au complet à J0.

Alex

Le samedi 15 avril 2023, nous quittons notre nid douillet pour le nord, en direction de Fairbanks. Après 4 heures 30 de route, nous atteignons Savage River Camp, un parking situé au début de la Park Road. À cet endroit, la route n'est plus déneigée. Durant une semaine, il faudra la longer avec nos luges pour rejoindre le lit de la rivière McKinley : c'est le seul moyen pour rentrer dans le massif à pied. Il est utopique de penser pouvoir traverser en ligne droite : une épaisse taïga nous interdit tout franchissement, avec ou sans luge.

Nous nous installons sous un abribus du parc, la tente est montée à même le bitume, le réchaud ronronne pour la première fois. Vers 22 heures, Pascal et Yohan nous quittent pour retourner en France. Quelques accolades, des cris d'animaux sauvages pour la baraka, un démarrage en trombe sur l'asphalte gelé et les voilà loin, nous laissant seuls au cœur de la nature sauvage tant espérée.

Après une clope dans la pénombre du crépuscule, nous entrons dans ce qui sera notre refuge pour les 50 prochains jours. Les duvets se gonflent d'air et nous isolent du froid. Il n'y a plus un centimètre carré de disponible dans la tente. Nous devrons nous y habituer. C'est l'acclimatation à la promiscuité. Je remonte mon cache-cou sur mes yeux et m'efforce de fermer mon mental à l'embouteillage de questionnements qui m'assaillent.

Dormir proche de la rivière Savage avant de traverser le pont a pour moi quelque chose de symbolique : ce soir, nous faisons encore partie de la civilisation, bardés d'attributs sociaux (citoyenneté, statuts, expériences…) et demain, nous prendrons pied sur la rive du monde sauvage. Nous commencerons alors à retirer ces masques qui forment notre carapace mais qui, ici, nous handicapent pour avancer jusqu'à l'océan.

C'est notre ego que nous déposerons progressivement au bord du chemin pour nous retrouver à nu et nous abandonner complètement à l'expérience Denali. De toute façon, les ours s'en fichent de savoir que Chris a sauté en wingsuit de la pointe Walker, qu'Hélias détient un Piolet d'Or ou qu'Aurel skie dans du 60°, clope au bec.
À minuit, il n'y a plus un bruit sur le parking, tout le monde s'est endormi et, sous la minuscule tente, des rêves de grands espaces nous escortent jusqu'au premier matin de notre nouveau monde.

« DÈS LE PREMIER KILOMÈTRE, DES NOMS D'OISEAUX FUSENT DANS LES GRANDES PLAINES. »

Fun-meter à fond pour attaquer l'aventure.

Petit-déjeuner à 8 heures. En une dizaine de cafés, nous démontons le camp et fixons au mieux notre barda sur les luges. Nous savons d'expérience qu'il faudra plusieurs jours de galère pour optimiser notre paquetage. Nous partons sur les coups de 11 heures via un sentier qui se dirige vers l'ouest. En tant qu'aventuriers des temps modernes, ç'aurait été un blasphème de suivre bêtement une route goudronnée, large et plate… Péché d'orgueil : un peu trop impatients de nous confronter au *wild*, nous commettons là notre première erreur du voyage. Déjà la luge, au lieu de suivre docilement sa mule, glisse tantôt à droite, tantôt à gauche pour finir par se retourner dans la neige profonde ou se bloquer derrière un sapin. Dès le premier kilomètre, des noms d'oiseaux fusent dans les grandes plaines. De plus, nous sommes sur un chemin de promenade à touristes qui, loin de nous rapprocher de notre objectif – à savoir le pied de la face nord du Denali situé à 100 kilomètres à vol d'oiseau – nous propose une boucle champêtre à travers les spruces[1] et ne va nulle part. Il est trop tard pour opérer un demi-tour, alors nous continuons en tirant vers le nord pour récupérer la Park Road. Mais toutes nos tentatives pour s'extraire du chemin touristique se noient dans un bon mètre de neige. Nos luges sont trop lourdes, elles coulent dans le manteau sans cohésion, apanage du climat continental des plaines arctiques.
Régulièrement, nous croisons la tranchée laissée par les orignaux, ces élans géants, moches et agressifs, que nous redoutons. En pataugeant de la sorte, nous comprenons pourquoi la nature les a dotés de si grandes guiboles. Beaucoup de récits d'attaques nous sont parvenus et ces bestioles dégingandées nous font bien plus peur que l'ours.
Après trois heures de bagarre où nous gaspillons beaucoup d'énergie, nous rejoignons enfin la route qui doit nous mener au pont de la rivière Savage. Allongés sur nos traîneaux, nous profitons d'une clope bien méritée, le dos trempé et les jambes déjà lourdes.
Dans nos têtes, l'aventure a commencé et nous nous sentons tels Hudson Stuck, Harry Karstens, Walter Harper et Robert Tatum en 1913[2] lorsqu'ils défrichèrent le sommet du mont McKinley[3]. Ils avaient, comme nous, accédé à la montagne par le nord mais en utilisant la voie du glacier Muldrow.

[1] Petits sapins typiques des régions polaires arctiques, de la famille des épicéas.
[2] Il faudra attendre 19 ans pour qu'une seconde expédition atteigne le sommet. En 1947, Barbara Washburn est la première femme au sommet.
[3] Ce nom vient du président conservateur, William McKinley, assassiné en 1901. En août 2015, Barack Obama renomme le sommet Denali (son nom amérindien). En janvier 2025, Donald Trump le débaptise pour lui redonner le nom McKinley. La communauté des grimpeurs américains ainsi que la plupart des rangers du parc s'y opposent et continuent de l'appeler Denali.

Au fond, à droite, les fameuses *bear cans*.

« NOUS NOUS DÉCOMPOSONS MAIS L'AVENTURE, C'EST L'AVENTURE. »

Nous infusons depuis longtemps dans les histoires pionnières et maintenant, c'est à nous d'embrasser le *wild*. Nous savons que, déjà, nous repoussons les précédentes limites de l'aventure et nous posons les nouveaux jalons de l'exploration d'altitude en autonomie.

Nous en sommes à peu près là de nos présomptueuses projections quand, tout à coup, trois Américains bien portants apparaissent au détour d'un sapin. Casquette, jeans, baskets : pas franchement l'aspect d'un Robert Falcon Scott ni d'un Ernest Shackleton. Sûrement en promenade digestive après le repas dominical, ils nous passent devant et nous saluent : « *Hi, guys.*

– *Hi, does the parking is far from here ?* demande Aurel.

– *Oh no, just 300 yards, just after the turn*[1] », répond le jeune homme avec la casquette des Anchorage Bucs, le club de baseball local.

Nous nous décomposons mais l'aventure, c'est l'aventure.

Quelques instants plus tard, un 4x4 des rangers fait irruption depuis la rivière Savage. Aventureux mais pas idiots, nous levons les bras, espérant qu'ils accepteront de nous conduire jusqu'au bout de la route déneigée. D'autres promeneurs viennent encore d'arriver. L'aspect sauvage dont nous rêvions tant la nuit dernière se réduit comme peau de chagrin.

« *Hi guys, you're the French team ? I've heard about you, sounds like an ambitious journey that you're going in. Can I see your trekking permit and bear cans please ?*[2] »

Pour la seconde fois, nous nous décomposons. Nous savons qu'il fallait des boîtes anti-ours – que nous n'avons pas prises à cause du poids – mais le permis de trekking, jamais entendu parlé. Le ranger n'a pas l'air méchant, mais il est là pour faire son boulot. Je tente de faire bonne figure et sors notre permis d'ascension pour le Denali.

[1] « Salut les gars.
-Salut, est-ce que le parking est loin d'ici ?
-Oh non, 250 mètres, pas plus, juste derrière le virage. »

[2] « Salut les gars, vous êtes l'équipe française ? J'ai entendu parler de vous, vous avez l'air de partir pour une sacrée aventure. Puis-je voir vos permis de trekking ainsi que vos boîtes à ours s'il vous plaît ? »

Retour à Talkeetna.

« *Nope, this is not a good one, you need a trekking permit to cross this area.*
– *We don't have it.*
– *It's OK, we just have to go to the park office 10 miles away from here and we can do it, sign the papers then I can drive you back here.*
– *Can you drive us to the end of the open route ?* tente Aurel.
– *Haha, we'll see, can I see your bear cans for the food ?*[1] »
Personne ne répond. Visiblement tous gênés. Puis Chris rompt le silence, posément :
« *You know, we got sleds of 110 kg each, with 70 kg of food. That means 500 portions of dry freeze food. In one bear can, we can put 10 portions maximum, which means 50 bear cans around 2 kg each, we can't add 100 kg on the sleds, we are already overloaded, you see ?*[2] »
Pouce main gauche dans la ceinture, le ranger tapote son Sig Sauer et se gratte la barbichette en dévisageant nos luges orange surchargées.
« *Yeaaaah*, lâche-t-il, *I also walk in the bushes sometimes, like you, but I always carry bear cans, you know rules are the rules, we are in the USA men. If a bear comes at night on your camp site, you will be happy to have canisters.*
– *But everybody says that this winter is rude and prob that the bears are not awake yet*, argumente Chris.
– *Yep, but rules are the rules. I can't let you go, you have to come with me to the office, and we'll find a way.*[3] »
Retour à la case départ, nous nous installons au centre des visiteurs de Healy. Avec les rangers nous tentons de trouver de grands sacs en Kevlar pour protéger la nourriture. Mais l'Alaska ne propose pas ce genre de produits dans tous les patelins. Un dimanche, en plus ! Après 24 heures d'espoirs déçus, John Bruek, un skieur de randonnée et ranger à ses heures perdues, offre de nous reconduire à Talkeetna. La seule option pour nous maintenant est de prendre un avion depuis le sud, jusqu'à Kantishna, au nord. Dans cette zone, nous sommes autorisés à ne pas avoir de boîtes à ours.

[1] « Non, ce n'est pas le bon, vous avez besoin d'un permis de trekking pour traverser cette zone.
– Nous n'en avons pas.
– C'est OK, nous devons juste aller au bureau des rangers à quinze kilomètres d'ici, nous signerons les papiers et je vous reconduirai ici.
– Pourrez-vous nous conduire jusqu'à la fin de la route déneigée ? tente Aurel.
– Haha nous verrons, puis-je voir vos boîtes à ours ? »
[2] « Vous savez, nous avons des luges de 110 kg chacun, dont 70 kg de nourriture. Ce qui correspond à 500 portions de nourriture lyophilisée. Dans une boîte à ours, nous pouvons mettre 10 portions maximum, ce qui voudrait dire 50 boîtes à ours qui pèsent environ 2 kg chacune. Nous ne pouvons pas ajouter 100 kg sur les luges. Nous sommes déjà surchargés, vous comprenez ? »
[3] « Ouuuuuai, lâche-t-il. Moi aussi, parfois, je vais marcher dans la nature, comme vous. Mais j'ai toujours des boîtes à ours avec moi. Vous savez, les règles ce sont les règles, nous sommes aux États-Unis les gars. Si un ours vient vous rendre visite le soir au camp, vous serez contents d'avoir des boîtes à ours.
– Mais tout le monde nous dit que c'est un long hiver et que les ours sont probablement encore endormis.
– Oui, mais les règles sont les règles. Je ne peux pas vous laisser passer. Vous devez venir au bureau des rangers avec moi et nous trouverons une solution. »

Aurel

Ce faux départ est cuisant. Nous n'arrêtons pas de ressasser cette histoire : nous ne voulions ni prendre d'avion, ni être assistés et n'utiliser que nos jambes pour avancer depuis la dernière route connue.

À notre grand désarroi, nous allons devoir emprunter la voie des airs pour rejoindre Kantishna. Nous sommes déçus et furieux qu'ils ne nous aient pas laissés passer. Il est assez tôt dans la saison pour que les ours dorment encore.

Avant de nous faire attraper par les rangers, j'avais commencé à ressentir une douleur intenable dans ma chaussure gauche. La faute au frottement des coques sur mes pieds bosselés d'ancien skieur alpin. Dès le plus jeune âge, nous portons des chaussures d'une rigidité infernale et très proche du pied pour gagner en précision lors des compétitions. À l'adolescence, lorsque les os grandissent, nos panards prennent parfois des formes cubistes. Ce mal risquait de me causer de sérieux problèmes si je ne réagissais pas rapidement. Je profite donc de notre retour à Talkeetna pour poncer, fraiser et couper le plastique. Finalement, je décide d'ôter complètement la partie qui me gêne. Un trou de 5 centimètres de diamètre laisse désormais apparaître ma chaussette. Plus de coques, plus de frottement !

Rien n'arrive par hasard dans la vie, accepter les aléas et s'en servir pour avancer est la clé.

Le point est fait, l'avion de Talkeetna Air Taxi (TAT) est réservé. Nous attendons la fenêtre météo du 19 avril pour ce nouveau départ qui, cette fois, sera sans retour. Lors de la dernière soirée, nous dévorons une énorme pizza. Nous trépignons, tellement impatients d'être enfin projetés dans ce monde de glace et de neige éternelles.

Dernière séance de bootfitting avant le grand départ.

Alex

Le nouveau plan nous permet de gagner une petite semaine de marche et nous soulage de 4 000 dollars. C'est Paul Roderick, le boss de TAT, une légende de l'aviation locale, qui nous déposera. Sur le tarmac, alors que Paul fait le plein du Beaver Cat rouge et bleu, un couple patiente. Ils nous expliquent qu'ils vont voler avec nous mais qu'ils rentreront en avion. Ils sont très affables, nous commençons à papoter. Ils sont en vacances et lui veut montrer à sa compagne les voies qu'il a grimpées dans le massif. Aussi, il souhaite disperser les cendres d'un ami grimpeur qui était, de son vivant, le mari de la femme. Toute une histoire.

Nous leur expliquons notre projet. L'homme, barbe et cheveux blancs, est super curieux et semble fin connaisseur du massif. Nous lui demandons alors son nom : « Mark.

– Mark comment ? » enchaîne Hélias.

Mark esquisse un sourire puis lâche « Mark Twight[1] ».

[1] Grimpeur et auteur américain adepte du style alpin qui a ouvert des voies extrêmes tout autour du monde dans les années 1990. Il a ensuite monté des salles de fitness et entraîné de nombreux acteurs et cascadeurs à Hollywood.

Y a-t-il quelqu'un pour piloter l'appareil ?

Aurel

En 40 minutes de vol, nous survolons tout le massif, scotchés aux hublots, espérant deviner sous la couche de nuages notre itinéraire des prochaines semaines.

Nous nous posons sur une piste d'atterrissage loin des glaciers et des montagnes. L'avion, grâce à ses patins, atterrit facilement sur un matelas vierge. Il s'enfonce de presque un mètre dans la neige. À droite, l'aile touche quasiment le sol. Il faut 30 minutes pour tasser la piste de décollage et libérer l'avion. Sans ski, le travail aurait duré des heures. Nous déchargeons notre équipement puis Paul, Mark et sa femme Blair nous saluent et nous souhaitent bonne chance avec un sourire en coin. Ces légendes, héros ou témoins de maintes ascensions et secours dans la région, savent très bien dans quoi nous nous embarquons : le chemin à parcourir est colossal. À nous maintenant d'écrire notre propre histoire sur la dernière frontière[1].

Dans un vrombissement impressionnant, le Beaver de la TAT se libère de son piège de neige. Après une accélération de tous les diables qui fait s'envoler notre matériel, il s'arrache enfin du sol, effectue un virage à 180 degrés en direction du sud et nous salue d'un coup d'aile.

Bon vent les mecs, on se revoit cet été à la mer !

Nous nous retrouvons seuls, comme catapultés sur une autre planète. Tout est en pause, plus rien n'existe dans le monde. C'est le jour 1.

L'avion repart

Chris : Je vous souhaite plein de courage les gars, maintenant c'est du courage.
Alex : Only, only bravery[2].

[1] La « dernière frontière » (*the last frontier*), nom donné par les Américains à l'Alaska.
[2] Juste du courage.

PHASE 1

STAR HIGHWAY*

* « Autoroute des étoiles »

Dans la plaine, à 50 kilomètres de la montagne

Aurel : Le Denali, énorme. Il y a 4 000 mètres de face là, voire 5 000 mètres, c’est énorme. Le sommet est à 6 200 mètres et, moi, je suis à 620 mètres.

PHASE 1

LA RUÉE VERS L'OR BLANC

Christophe profite du coucher de soleil en versant nord du roi Denali.

MERCREDI 19 AVRIL 2023, 13 H, KANTISHNA AIR STRIP

Petit à petit, l'avion de la TAT disparaît, emportant avec lui le son et le confort moderne. Le premier coup de reins est donné après le déjeuner. Pour s'économiser, nous faisons de petits pas, la moyenne est de 1,5 km/h, nous sommes à 50 kilomètres à vol d'oiseau du sommet du Denali.
Les débuts sont laborieux. La forme de la luge a un effet bulldozer et pousse des kilos de neige. Dans les montées et sous le soleil de plomb, c'est éreintant. Heureusement la neige fond sur les accotements et nous permet de nous hydrater régulièrement. La route continue à plat en longeant une colline. Un joli petit pont enjambe un creek[1] avant d'arriver à un gros lodge, nous rappelant l'hôtel *Overlook* de *Shining*. Chris est devant. Il rejoint une trace de motoneige qui file vers le bâtiment. Cette trace est-elle récente ? Quelqu'un vit-il ici durant l'hiver ? Jack Torrance est-il en train de devenir fou derrière les murs de cet hôtel ? Notre propre histoire et le poids de nos fardeaux ne nous laissent guère le temps de le vérifier car, déjà, la route remonte plein sud.
J'explose, je gère mal l'effort au soleil et nous sommes encore en gueule de bois de notre soirée d'hier. Je m'accroche. D'un coup, je crains de m'évanouir. Je m'assois, me calme et m'hydrate. Par chance, le paysage est splendide. Je repars, à mon rythme, en me délectant des spruces nains qui pullulent autour de nous. L'ambiance est féerique et le soleil commence à descendre vers l'ouest, la température redevient acceptable. Au détour d'un pain de sucre, le géant Denali apparaît. Il y a très peu de nuages au sommet et le vent semble quasi nul. « *Summit day !* » s'exclame Hélias. D'après nos estimations, nous devrions y être dans un mois.
La route s'élève tranquillement jusqu'à un col où Chris, toujours à la trace, annonce après un repérage au drone : « On dort là ! »
Hélias voudrait pousser jusqu'à Wonder Lake, 3 kilomètres plus loin. Mais nous marchons depuis 4 heures 30 en plein cagnard et je suis raide. Il fait un peu la gueule quand on tasse la plateforme du camp mais se détend lorsque nous dégustons notre dîner. En fait, il avait juste faim.
Le coucher de soleil est interminable et délicieux, mais dès qu'il passe derrière la colline, une bise polaire surgit et nous pousse vers nos duvets.
Chris qui, l'année dernière, a frisé la correctionnelle en base-jump, se remet tout juste de multiples fractures. Il souffre le martyre après cette première journée harassante. À cheval sur son dos, je passe une heure à enfoncer mes pouces dans ses lombaires pour essayer de le détendre.

[1] Ruisseau ou affluent mineur d'un cours d'eau en Amérique du Nord ou Australie.

Aurel

L'approche se déroule au jour le jour. Doucement, nous entrons dans le match. Nous nous relayons pour faire la trace dans une neige profonde, jusqu'à 40 centimètres sans cohésion. Celui qui ouvre la voie doit bourriner, forçant dur pour se frayer un chemin. Le moindre changement de direction, dévers ou légère pente, est un calvaire à négocier. Les luges se retournent sans cesse. Parfois Alex pète un câble, sa luge est aussi débraillée que lui.

Lorsque nous traversons Wonder Lake, c'est notre première expérience sur la glace gelée et nous sommes un peu stressés. Nous nous posons des questions à voix haute et nous tâtonnons sur cette neige compactée par le vent et le froid. Des traces d'avion sont visibles un peu plus loin. C'est une preuve suffisante : le sol est assez dur. Quand la neige est tassée, nous avançons tranquillement, sans effort. Peu à peu, nous retirons nos vêtements, c'est agréable, l'ambiance est bon enfant. Nous discutons de la vie, de l'amour, de la montagne. Dans cette atmosphère de bout du monde, avancer devient vite méditatif et chacun s'évade au rythme, ou non, de sa playlist.

Le Denali, lui, se dresse fièrement devant nous. Il est le roi ici, il l'a toujours été et le sera sûrement pour l'éternité. Je jette un regard sur mon altimètre. Une drôle d'idée me vient en tête. Face caméra, je lis et déclame l'altitude à laquelle nous nous trouvons : « Le Denali se tient face à moi, son sommet est à 6 200 mètres et, moi, je suis à 620 mètres. » Ce versant qui nous fait face n'est pas seulement particulièrement sauvage, c'est aussi la plus grosse face nord de la planète. Avec une dénivellation totale de presque 5 000 mètres de glace, de séracs, de crevasses et de pentes vertigineuses. Ce versant a été gravi pour la première fois en 1963 par sept élèves de l'université d'Harvard. Cette entreprise, d'un engagement total et d'une exposition extrême, leur demanda trois semaines d'ascension. Malgré leur très faible expérience, ils revinrent tous vivants de ce voyage surréaliste, avec tout de même, quelques amputations...

J2. Traversée de Wonder Lake. Malgré la beauté des lieux, les corps et les esprits souffrent.

« NOUS DISCUTONS DE LA VIE, DE L'AMOUR, DE LA MONTAGNE. DANS CETTE ATMOSPHÈRE DE BOUT DU MONDE, AVANCER DEVIENT VITE MÉDITATIF ET CHACUN S'ÉVADE AU RYTHME, OU NON, DE SA PLAYLIST. »

À plus de 50 km du Denali, nous entrons doucement dans une forme méditative.

Alex

Nous traversons Wonder Lake dans toute sa longueur soit 4 kilomètres. Un léger vent nous pousse vers le sud. Chris sort la mini-voile qu'il a apportée pour tenter de se faire tracter. Après une heure de sauts de puce, il remballe. Le vent n'est pas assez fort. Nous déjeunons sur la berge, proche d'une petite cabane. Nous nous foutons en slip, la chaleur est torride. Après une courte sieste, nous repartons le long d'une piste qui s'évapore dans une forêt disparate. Une légère dépression nous permet d'atteindre le lit d'une rivière secondaire que nous suivons tout l'après-midi. Parfois, des gouilles poinçonnent le manteau neigeux. Chris en profite pour prendre un bain. L'eau est à quelques degrés et personne d'autre ne songe à se baigner. Nous poursuivons dans l'épais manteau continental. Le creek s'amincit et, avant qu'il ne se perde dans la forêt, nous établissons le camp, à un kilomètre à vol d'oiseau de la jonction avec la rivière McKinley. Nous aménageons nos quartiers, notamment la rampe d'accès à la petite gouille qui nous fournira l'eau liquide, élément indispensable pour récupérer après ces journées de soleil et d'efforts intenses. Pendant ce temps, Aurel part faire la trace pour demain. Une fois installés, la température est toujours clémente. Nous profitons du spectacle en dînant : les ombres des spruces s'étirent sur la neige qui se transforme en tapis d'or. Le panorama devient époustouflant lorsque le soleil rouge embrase la chaîne du Denali sur plus de 100 kilomètres.

Ce matin, Hélias et Aurel partent quelques minutes avant Chris et moi. Après une demi-heure de tirage, nous rejoignons deux luges abandonnées. Un talweg coince la rivière contre la taïga devenue extrêmement dense ; nos amis tentent un passage sur les berges abruptes. De visu, cet itinéraire nous semble idéal pour faire basculer les luges dans le cours d'eau. Nous décidons de sortir le drone pour voir si un passage existe plus haut. L'idée est de traverser le torrent pour rejoindre le lit

« NOUS PROFITONS DU SPECTACLE EN DÎNANT : LES OMBRES DES SPRUCES S'ÉTIRENT SUR LA NEIGE QUI SE TRANSFORME EN TAPIS D'OR. »

« NOUS DESCENDONS LE LIT SOUS UN SOLEIL DE PLOMB. PAS UN ARBRE POUR SE METTRE À L'ABRI. »

de la rivière McKinley. D'après nos cartes, la taïga à cet endroit ne fait pas plus de 800 mètres de long. Banco ! À 250 mètres en amont, un pont de neige enjambe la rivière et doit nous permettre de traverser au sec. Chris continue devant et nous sortons de l'épaisse forêt au bout de 20 minutes. Nous découvrons, ébahis, l'immense lit de la rivière McKinley, issue du glacier Muldrow.
Nous descendons le lit sous un soleil de plomb. Pas un arbre pour se mettre à l'abri. Quelques ponts de neige nous permettent de traverser aisément les cours d'eau libres. En zoomant sur la carte qu'il a téléchargée sur son téléphone, Aurel devine un creek qui relie les rivières McKinley et Muddy. Ce raccourci nous ferait gagner une journée de marche. Nous tentons le coup. Nous nous engouffrons dans l'épais rideau vert et remontons le creek dans la bonne humeur, déjà satisfaits de notre coup de poker. Après deux heures de marche à l'ombre, nous débouchons dans la rivière Muddy où nous établissons le camp. À partir de demain, c'est plein sud vers le glacier Peters. Normalement, nous en avons fini avec la bartasse dans la taïga.
Le bulletin météo annonce le début du mauvais temps dans les prochains jours avec l'arrivée d'un flux de nord. Ce qui signifie que c'est le retour de l'hiver. Après ces trois premières journées sous un soleil ardent, nous ne sommes pas mécontents de nous mettre au frais.

Au réveil, il neige. La température a chuté d'une bonne vingtaine de degrés mais il y a peu de vent. Hélias annonce : « Le vortex polaire fonce sur nous. » Le slogan nous fait froid dans le dos. Il nous explique qu'au Québec, il a déjà expérimenté ces flux d'air glacial qui déboulent du pôle Nord et font chuter la température de manière drastique. Parfois 50 degrés en quelques heures...
Nous traînons plus que d'ordinaire. Hier soir, sous un ciel radieux, nous n'avons pas pris la peine de ranger le camp avant d'aller nous coucher. Résultat : ustensiles de cuisine, vaisselle et objets de toutes sortes sont recouverts de 5 centimètres de neige fraîche.
Le bulletin annonce une vraie tempête dans cinq jours. Pour l'instant, c'est de la rigolade. Nous devons avancer malgré les conditions difficiles pour ne pas se retrouver dans le Tluna Icefall[1] du glacier Peters par mauvais temps. Nous décollons enfin vers 11 heures, tête baissée, afin d'éviter de se faire fouetter le visage par les rafales.
Le manteau neigeux est de piètre qualité. La sous-couche casse régulièrement sous le poids de nos luges et il nous faut creuser pour les dégager. Chacun aide son collègue lorsque nécessaire. Après une longue journée sans dévier de notre axe, nous nous mettons à l'abri du vent.
En soirée, lorsque le ciel se dégage, le froid devient plus mordant. Tout est figé, la nuit est splendide et la lumière exceptionnelle. Je respire l'air glacial, profondément. J'ai l'impression qu'il a un goût dont je me délecte. C'est comme un sérum pour appréhender le *wild*, cette nature à l'état brut. Je remplis mes poumons et j'ai l'impression que l'air polaire décuple leurs capacités. Quel bonheur de se sentir si vivant, cela me donne envie de m'en griller une !

[1] Un champ de crevasses.

Les plaines et les rivières font bientôt place
à l'enfer des moraines et de leurs pentes abruptes.

Ce soir nous avons la chance d'être aux premières loges du spectacle de la lune immense qui saute de cime en cime. L'intensité de ce moment me marque profondément et – malgré le froid intense – je reste un bon moment à contempler les spruces sur fond de nuit polaire.

Matin sublime et glacial : - 15 °C. Mise en route docile. Nous remontons la rivière Muddy puis sortons de son lit lorsqu'il devient moraine. La langue terminale du glacier Peters n'est plus très loin. Mais la visibilité réduite nous empêche de l'apercevoir. La forêt s'arrête ici, nous ne la retrouverons que dans un mois, sur le versant sud du massif. Nous quittons le monde végétal et entrons dans un environnement minéral stérile, froid et sec. Hier soir, nous puisions nos derniers litres d'eau dans la rivière.

« À PARTIR DE MAINTENANT, L'ÉLÉMENT LIQUIDE N'EXISTE PLUS. »

Le cheddar industriel que nous mangeons au déjeuner n'est qu'une glace fromagère insipide et nous devons faire fondre de la neige pour boire et réhydrater nos repas lyophilisés.
La sensation que tout est figé par l'hiver arctique est encore plus prégnante hors de la végétation. Même les odeurs sont neutralisées, ce qui facilite grandement le « vivre ensemble » sous la tente. Nous nous élevons et le poids des luges semble avoir doublé. Chaque journée, chaque difficulté, physique ou logistique, est abordée l'une après l'autre. Ce genre d'épopée homérique ne peut s'appréhender dans sa globalité. Le cerveau entrerait en surchauffe dès les premières heures. À chaque jour, à chaque heure, à chaque instant suffit sa peine.

« RUDE JOURNÉE : RAIDE DANS LES MORAINES, L'ITINÉRAIRE EST COMPLIQUÉ AVEC BEAUCOUP DE RELIEF. J'AI PEU DORMI À CAUSE DE LA DISPUTE, ET EN PLUS, J'AI EU FROID AUX GENOUX. »

Une dernière rampe que nous creusons dans une congère nous permet de déboucher sur un petit belvédère qui surplombe la langue terminale du glacier.
Nous avons parcouru 50 kilomètres depuis Kantishna. Qu'il est bon de savourer le chemin effectué en s'élevant enfin au-dessus du plancher des ours. Nous installons le camp pour la nuit mais le vent se lève. Nous regrettons déjà de ne pas nous être posés 10 minutes en contrebas, à l'abri des rafales. Après avoir mis en route le réchaud à l'extérieur, la froidure nous oblige à rapatrier la cuisine dans l'abside. Le réchaud toussote puis s'arrête. Je le démonte pour le décrasser, je le relance puis je fais de l'eau. Pas assez selon Hélias qui m'engueule. Nous nous couchons dans une ambiance délétère. Mauvaise soirée...

Rude journée : raide dans les moraines, l'itinéraire est compliqué avec beaucoup de relief. J'ai peu dormi à cause de la dispute, et en plus, j'ai eu froid aux genoux. Heureusement, la température est en hausse et le soleil brille. Nous décollons et je ressens rapidement le manque de sommeil. Mais le petit-déjeuner a été productif et nous avons parlé avec Hélias, tout va bien.
En fin de compte, il fait franchement chaud. Nous sommes devant avec Chris et essayons de trouver un passage pour accéder au glacier. Nous descendons dans une dépression où vient mourir une langue glaciaire mais commettons l'erreur d'y aller avec les luges. Lorsque nous nous rendons compte que la bédière est infranchissable, la douche est sévère. Nous nous en voulons de ne pas avoir anticipé ce cul-de-sac. Demi-tour, les copains ont laissé leurs charges sur la moraine et nous aident à rebrousser chemin. Nous continuons en rive droite jusqu'à 1 200 mètres d'altitude où nous installons le camp. Nous n'atteindrons pas le glacier aujourd'hui mais la vue est sublime. La soirée est douce et nous profitons d'un coucher de soleil enchanteur : enfin un peu de quiétude. Demain c'est sûr, nous montons sur le dos du monstre Peters.

Nous remontons les moraines qui n'en finissent plus. Dans les bucoliques vallons, nous imaginons l'itinéraire le moins raide pour hisser les luges. Parfois, la croûte de surface se rompt et il faut sortir la luge de ce bourbier. Dans les raidillons, l'exercice est épuisant.
Nous sortons le drone : il va falloir descendre au fond de la moraine pour grimper – certainement à l'aide de rampes et de mouflages[1] – sur le coude de Peters. Nous glissons, nous tombons, nous rions : l'ambiance est à la bêtise. Le temps se voile alors que nous creusons une rampe d'accès pour monter sur le premier mur de glace. Deux par deux, nous poussons et tractons nos luges. Puis nous louvoyons dans les glacières à la recherche de la langue centrale, la voie rapide qui nous permettra d'avancer vers l'Icefall, sur plus de 10 kilomètres. Sans crevasse, sans relief, sans détour mais à l'aplomb d'une face de 5 000 mètres de dénivelé. L'exposition va devenir majeure.

[1] En alpinisme, technique de démultiplication des forces pour tirer seul une charge importante. Elle est utilisée notamment pour sortir une personne d'une crevasse.

Le jour blanc est en place, un dernier mur nous barre l'accès au glacier. Nous mettons au point un système « chiens de traîneau » en doublant les sangles de tirage dans l'axe de la montée. Les deux autres poussent la luge. L'équipée doit être bien synchronisée pour effectuer les conversions vers le sommet. Le rire chasse les courbatures et, en une vingtaine de minutes, l'affaire est dans le sac. Avant le dîner, nous voilà enfin sur la carapace de glace. Cette éprouvante journée nous a fait avancer de 3 kilomètres.

« IL S'AGIT DE DÉMYSTIFIER L'OBJECTIF POUR ABORDER L'ASCENSION SEREINEMENT, SANS LA SUBIR MENTALEMENT. »

Nous installons le camp à l'abri des avalanches, au fond d'une bédière comblée par la neige. Nous sommes maintenant dans le sanctuaire du Denali et, malgré la faible visibilité, nous ressentons la présence des immeubles de glace qui nous surplombent. Il y a dans l'air une puissance qui nous dépasse, à la fois magnétique et terrifiante. Nous sommes aux portes de la haute montagne. Naturellement, l'équipe va se souder, se muer en cordée.

Lorsque les alpinistes parlent d'acclimatation, ils ne pensent souvent qu'à l'aspect physiologique de l'adaptation à l'altitude. Mais l'aspect psychologique est indispensable pour se sentir bien là-haut. L'idée n'est pas de livrer un combat, ni de serrer les dents face aux idées terrifiantes qui nous assaillent au pied d'un projet d'une telle ampleur. Il s'agit de démystifier l'objectif pour aborder l'ascension sereinement, sans la subir mentalement. Ne plus faire qu'un avec l'élément. C'est une étape supplémentaire vers l'ensauvagement. Depuis qu'il est instrumentalisé dans la bouche des politiques d'extrême-droite, ce terme a une connotation péjorative. Nous le trouvons au contraire noble et salvateur pour l'âme.

La quête vers cet état s'est imposée à nous de manière totalement naturelle. Les lieux poussent nos corps à aller puiser dans un reliquat d'instinct grégaire, propre aux racines de la civilisation humaine. Dépourvu d'un physique avantageux pour subsister dans la nature sauvage, l'Homme a dû s'organiser avec ses semblables pour survivre. Autrefois, l'individualisme ne pouvait être une vertu.

Aurel : On va là-bas, il est 14 h 20. On est parti à 11 heures, on a fait 2 kilomètres et c'est le chaos devant nous. C'est vraiment dur aujourd'hui. Cinquième jour et, le moral, il en prend un gros coup. Pfiou, on n'est pas rentrés…

Ce soir, à la lisière de notre entrée dans le grand bain, je sens que la cordée est en train de naître. Le lien qui va nous relier pour assurer notre sécurité sur le glacier n'est pas uniquement textile. Il est chargé de symboles : l'héritage, l'expérience de la tribu, la culture de l'engagement et l'esthétisme de cette odyssée sont pour nous universels.

Nous remontons le glacier, la neige glisse bien, le soleil voilé nous permet d'avancer vite sans surchauffer. Nous en prenons plein les mirettes. Le Wickersham Wall, la face nord du Denali, semble endormi. Nous n'avons ni vu ni entendu aucune chute de séracs depuis hier. Nous tentons de déchiffrer l'itinéraire de la *Harvard route* de 1963 qui serpente dans un chaos de crevasses. Même Hélias, qui a grimpé la face sud du Nuptse et celle de l'Aconcagua, n'a jamais contemplé un si grand mur.

Nous tirons nos charges comme des bêtes de somme depuis bientôt 10 kilomètres. Quelle journée comparée à celle d'hier ! Nous bombardons sec car le terrain s'y prête. Nous arrivons rincés au camp, j'ai les pieds gelés. Alors, Chris les enfourne sous ses aisselles, l'endroit le plus chaud du corps. Aurel nous offre un thé brûlant et tout va bien. Toutes les expéditions se résument en deux choses : des amis et du thé chaud.
Nous apercevons au loin le Kahiltna pass, dans la zone d'accumulation du glacier Peters. Il nous reste encore 7 kilomètres et 1 200 mètres de dénivelé pour l'atteindre. La tempête, elle, sera là dans quatre jours.

DANS LES PAS DE NOS PRÉDÉCESSEURS

Tout au long de l'ascension, nous imaginons les pionniers d'il y a 122 ans, qui ont emprunté le même chemin que nous. Le nom de cette face austère vient du juge James Wickersham qui, dès 1903, s'était aventuré sur ce glacier dans l'espoir de gravir la montagne. L'équipe avait rebroussé chemin à cause du risque d'avalanche.
Dans un style plus contemporain, en 2022, Samuel Hennessey et Mike Gardner ont grimpé la *voie Cassin* en face sud du Denali avec leurs skis sur le dos. Ils ont ensuite traversé en direction du sommet nord et ont skié à vue la partie occidentale de la face nord avant de terminer à pied jusqu'à Wonder Lake.
En mai 1981, Patrick Vallençant, Alain Hantz, Pierre-Antoine Hiros et Frédéric Labaeye avaient déjà tenté de skier la face nord du Denali mais l'expédition avait été interrompue après plusieurs chutes en crevasse et une entorse du genou pour Vallençant. Patrice Aubertel a réalisé le film *Aventure en Alaska* qui revient sur cette tentative.

PHASE 1

LES PORTES DE LA HAUTE MONTAGNE

En arrière-plan, Tluna Icefall, le premier crux du voyage que nous contournerons par la droite, hors du glacier.

Aurel

« ENFIN, NOUS SOMMES SOUS LE GÉANT. LES 5 000 MÈTRES DE LA FACE NORD DU DENALI NOUS SURPLOMBENT, C'EST SÛREMENT LA PLUS GIGANTESQUE DE LA PLANÈTE. »

Le premier véritable « crux » de notre expédition arrive enfin. Nous quittons le glacier car une marche de 200 mètres se dresse devant nous et ce dernier se transforme en un dédale de crevasses et de séracs infranchissable. Nous devons emprunter un couloir sur la rive gauche qui nous permettra de rejoindre le bassin Peters, au pied du dernier rempart nous séparant de la voie normale du Denali : le Kahiltna pass.

Il nous faut sept heures pour remonter le couloir avec notre matériel. Nous tirons une luge à l'aide d'un système « chien de traîneau » amélioré : à quatre dans la pente à 40°. Technique en cours d'affinage, nous répétons l'opération jusqu'à trouver le bon rythme et étaler la charge entre nous. Nous le vivons comme un super moment de partage, rendant la tâche moins pénible.

Une fois cet atelier terminé, il reste 100 mètres de dénivelé jusqu'au col. Cette fois, nous effectuons les portages individuellement. Je choisis de faire quatre allers-retours, Alex et Chris en font trois avec des charges considérables.

Une fois au sommet, nous installons le camp sur les cailloux : le vent violent a décapé le col. Aujourd'hui, nous avons avancé de 2 kilomètres mais ce soir nous avons les pieds au sec et nous pouvons nous balader en chaussettes autour de la tente. Nous sommes maintenant dans un état de « saleté propre » : après les premiers jours où nous avons transpiré notre crasse d'homme civilisé, se met en place un équilibre sanitaire et olfactif, de sorte qu'il est possible de cohabiter dans une tente sans se laver, durant de longues semaines.

Aussi, pour la première fois, nous embrassons totalement le bassin Peters surmonté du Kahiltna pass, à 3 100 mètres d'altitude. C'est notre porte d'entrée vers les grandes descentes du Denali et du Foraker.

Alex : On entre dans le vif du sujet, là. Les portes de la haute montagne…

La fameuse technique des chiens de traîneaux.

Alex

Comme annoncé pour ce vendredi dans le bulletin : vent et neige au réveil. Nous patientons à l'abri jusqu'à 15 heures puis, à la faveur d'une accalmie, nous nous mettons en route. Dans le bassin, le vent descend du Kahiltna pass à toute berzingue et nous percute de plein fouet, nous lacérant le visage. Celui qui ouvre la marche fait mur face au vent pour protéger les autres. « Ça burle[1] ! » s'écrie Aurel. Engoncés dans nos capuches, nous butons bientôt contre le mont Capps, qui surplombe le Kahiltna pass. Il est 19 heures, nous installons le siège pour deux jours. La journée a été courte et décoiffante...

Le Kahiltna pass est la dépression la plus basse sur l'arête entre le Denali et le Foraker. L'itinéraire historique emprunte ce passage de moins de 400 mètres de dénivelé. Le plan est de faire deux portages avant de redormir ici. Dimanche, nous effectuerons un troisième voyage avant de basculer sur le glacier Kahiltna et rejoindre le camp de base du Denali. Nous savons depuis le départ que ce passage est crucial. Nos luges sont trop lourdes et la pente trop raide pour franchir le col en un seul voyage.
Lorsque nous découvrons l'itinéraire, la désillusion est grande : nous devinons de larges crevasses cachées sous la neige. Cette année, la dorsale glaciaire du premier tiers est un véritable gruyère. De plus, de vilains séracs surplombent tout le versant. Beaucoup de vestiges jonchent le glacier, témoignant d'une activité récente. Chris est prêt à « débrancher » le cerveau le temps qu'il faudra pour passer. Entre le risque de chute en crevasse et l'exposition aux séracs, nous estimons, avec Hélias, que le danger est trop élevé. Alors que les copains montent la tente, je pars en repérage au fond du glacier Peters pour trouver un parcours moins exposé. Je reviens une heure plus tard avec, peut-être, un nouvel itinéraire directement à l'aplomb du mont Capps. Mais les successions de tranches de séracs empilés ne permettent pas de voir le haut de la face : c'est donc un pari. J'arrive plus ou moins à convaincre les autres. De toute façon, la voie classique du Kahiltna pass nous fout les jetons.
Le coucher de soleil sur le *Father and son's wall* nous régale.

[1] Vent glacial du Massif central. Nous utilisons ce terme entre nous quand le vent est violent et la température très basse.

Ce matin, même si un climat de stress traverse le groupe, nous sommes très motivés car ce passage est le dernier verrou avant le confort du camp de base. Chris ne croit toujours pas à un itinéraire plus sûr et pense que nous perdons notre temps. À pied d'œuvre, nous prenons le temps d'identifier les séracs les plus menaçants et leur trajectoire s'ils venaient à s'écrouler. Sur 600 mètres de dénivelé, il convient de bien choisir l'itinéraire pour s'exposer le moins possible. Je me sens comme dans la voie normale du mont Blanc du Tacul lors d'une très mauvaise année. Nous remontons en zigzag, très lentement car lourdement chargés. Je reprends mon souffle en gardant un œil sur les monstres qui nous surplombent. Plus nous remontons à l'aplomb des séracs et plus la contre-plongée les rend menaçants. Une pensée plus légère me traverse car leurs mâchoires bleues me rappellent le dentifrice que nous utilisons le soir. J'espère juste qu'elles ne vont pas se refermer sur nous aujourd'hui. À force de les guetter du coin de l'œil et de leur intimer de ne pas bouger, je me convaincs moi-même et je me détends. À Chamonix, il serait impensable de traîner aussi longtemps là-dessous. L'acclimatation à l'exposition commence à s'installer.

Coucher de soleil sur *Father and son's wall.*

FATHER AND SON'S WALL

Cette face complexe en granit rouge est griffée par de nombreuses goulottes. C'est Terry (Mugs) Stump, spécialiste de l'escalade mixte en altitude, qui a nommé ce mur fantastique. Décédé dans une crevasse en 1992 alors qu'il guidait sur le Denali, il n'a jamais eu l'opportunité de réaliser son rêve de grimper ce mur. En 1981, Mugs s'était allié à Jim Bridwell, le génie fantasque du Yosemite. Ensemble, ils avaient ouvert une voie pionnière sur le granit lisse de la Moose's Tooth, en Alaska, avec des longueurs d'escalade artificielle jusqu'à A4 – ce qui donne une idée du niveau technique et mental de Mugs à l'époque. Ils l'avaient nommée *Dance of the Woo-Li Masters*.

Les premiers grimpeurs à parcourir le *Father and son's wall* seront finalement Steve House et Eli Helmuth lorsqu'ils ouvrent *First born* en 1995. Depuis, seulement une dizaine de ténors de l'escalade mixte ont parcouru cette face.

Après onze jours comme des escargots au fond des vallées, Chris se prend pour un oiseau en admirant les grandes plaines du nord.

La première pente autour de 30° s'apparente à l'échauffement. Ensuite, nous bifurquons à droite pour la traversée des dieux : un vaste pan de neige constellé de débris surplombe une crevasse abyssale. Nous sommes toujours dominés par de nombreux immeubles à l'équilibre précaire. Le dépôt de l'avalanche passée s'étale jusque loin sur le plat du glacier. Partout ici, les éléments témoignent de leur puissance. Le seul avantage de cette traversée est qu'elle est à plat et que nous l'avalons au pas de course.

Même si l'exposition est moindre par rapport à la montée directe au Kahiltna pass, nous « débranchons » quand même le cerveau sur certains passages, faisant fi du danger objectif pour quelques secondes ou quelques minutes. Nous avons choisi de ne pas nous encorder, préférant l'autonomie individuelle et la mobilité en cas de pépin. En expédition, comme il s'agit souvent d'expériences uniques dans nos vies d'alpinistes, nous avons tendance à relever le curseur de l'engagement et, par extension, celui de l'exposition. Cette journée du 29 avril en atteste. Pour passer ce genre de vacances, il est conseillé de s'entourer d'acolytes à la vision similaire. « *Entre l'audace et la connerie, la frontière est ténue* » disait Jim Bridwell. Depuis notre expédition au mont Logan avec Hélias, nous érigeons cet adage en mantra. Aujourd'hui, nous ne savons plus vraiment de quel côté de cette frontière nous nous trouvons.

Chacun a sa stratégie pour la répartition des deux charges à déposer au sommet. J'opte pour un gros chargement lors du premier voyage afin d'être plus léger au second. Cette fois, j'ai un peu surestimé mes capacités. Je suis rapidement distancé par mes camarades. Ce jour reste gravé comme le plus dur physiquement dans ma vie d'alpiniste. En temps normal, aucun de

« JE DOUTE DE MA LÉGITIMITÉ À ÊTRE ICI, PARMI CES VAILLANTS CONQUÉRANTS DE L'INUTILE. »

nous n'oserait remonter cette pente. Ce week-end, nous la parcourons trois fois à la montée et deux fois à la descente, avec des charges d'environ 35 kg à chaque rotation.

Comme à mon habitude dans ces situations où j'explose physiquement, je doute de ma légitimité à être ici, parmi ces vaillants conquérants de l'inutile. L'impression de ne pas être au niveau par rapport aux autres. Aurel me rassure lors d'une pause : « Mec, tu as vu comme tu es chargé par rapport à nous ? » En effet, j'ai pris la totalité de mon sac de nourriture – environ 40 kg – alors que les autres l'ont coupé en deux. Ragaillardi par cette analyse, je m'assois sur un gros glaçon pour enfin admirer le panorama. Dans toute cette agitation, je n'avais pas remarqué que nous avions pris de la hauteur et que nous étions sortis du fond de vallée dans laquelle nous nous trouvions depuis dix jours. Nous embrassons maintenant un nouveau paysage. Le contraste entre le dénivelé de la face nord du Denali et l'horizontalité des grandes plaines est saisissant. Il fait beau et chaud, je prends le temps d'une clope. J'oublie les épées de Damoclès qui me surplombent pour imaginer l'océan Arctique, juste en face, à 900 kilomètres.

L'instant est savoureux et je me détends. Désormais, la pente est raide mais le degré d'exposition redescend. Seules quelques crevasses ou avalanches nous menacent encore. Mais ces dangers semblent plus gérables que les séracs suspendus. Nous louvoyons un moment avant de buter sur un goulet qui nous pose directement au sommet. Nous rigolons, heureux d'avoir trouvé la sortie du labyrinthe.

Plein soleil, pas de vent, nous découvrons l'autre versant, enfin ! Nous avons mis trois heures et demie pour ce premier voyage. À plusieurs reprises, j'ai cru que je n'y arriverai pas. En silence,

« NOUS ALLONS POUVOIR ATTAQUER LES CHOSES SÉRIEUSES, LE SKI ET L'ALTITUDE. »

Un peu de repos avant de se jeter dans la gueule du loup.

nous observons le panorama qui nous fait face : la *West Buttress route* du Denali à gauche et sa sublime voisine, à droite, la *Sultana Ridge*. D'après les Dena'ina, les natifs de la région, *sultana* signifie « femme du Denali », tandis que le Foraker est encore une appellation coloniale héritée d'un sénateur républicain du XIXe siècle. L'ensemble de la chaîne s'expose fièrement et, tout au fond dans la brume, c'est l'océan Pacifique, à plus de 200 kilomètres. Ce col marque la fin de la première phase de l'expédition. Nous allons pouvoir attaquer les choses sérieuses, le ski et l'altitude, les deux prétextes de toutes nos aventures.

Mais la journée n'est pas terminée et nous savons qu'ici plus qu'ailleurs, il ne faut pas vendre la peau de l'ours kodiak avant de l'avoir tué.

Nous restons 15 minutes là-haut. Nous vidons les sacs dans une cache, puis nous chaussons pour la première descente du voyage. À pied, nous nous sentions vulnérables car très lents, mais à skis, nous sommes rapides et réactifs. Nous sommes comme des enfants qui retrouvent la neige après la saison estivale. Nous skions l'esprit léger et sans effort, heureux de renouer avec nos jouets préférés. La neige poudreuse rend la glisse douce. Après la traversée sous les vilains séracs, nous nous jetons en grandes courbes dans la dernière combe.

Le pique-nique a lieu dans la joie avant d'attaquer la seconde moitié de la journée. Il est 17 heures. Pas le temps de digérer, nous repartons illico. Le cheminement est moins pénible car la trace est déjà faite. Nous atteignons le col, bien éclatés quand même, vers 19 h 30. Au nord, l'immensité de la plaine arctique avec le soleil rasant nous éblouit, c'est beau à en pleurer. Le sublime, s'il se terre dans la région, surgit vers 21 heures lorsque nous attaquons le second *run* : la combe du bas se transforme en *Sunset Boulevard*, les néons bleu turquoise des séracs balisent notre chemin jusqu'à la toute petite tente, posée au milieu du glacier. Les ombres s'étirent au maximum lorsque nous la rejoignons. Devant nous, l'immense muraille de *Father and son's wall* est en feu. Le granit rouge des piliers réfléchit les rayons. Le spectacle embrase directement nos cœurs.

Chris a temporisé, il s'offre un vol de *speed-flying* du mont Capps. Nous le voyons traverser en léchant les crevasses puis il enfonce la commande main gauche et se fait aspirer par la gravité. Il frôle la cassure du bout du pied, accélère dans la zone de séracs et enchaîne une série de *wing-overs* pour rester près du sol. La démo est sensas', nous connaissons les qualités de pilote de Chris, il a de la marge. Il se pose à l'entrée de la tente au moment où le soleil quitte la scène.

Malgré les sourires et l'humeur radieuse, nous nous réfugions sous la tente dans la minute. Car les aiguilles s'éteignent et le froid polaire fige la montagne pour la nuit. En hommage à cette journée particulière, l'enceinte crache *Les Paradis perdus* de Christophe. L'ambiance est douce. Nous savourons cette dernière soirée au nord du massif, l'esprit léger. C'est la fin des doutes sur l'approche.

La tempête est censée déferler sur nous demain dans la soirée. D'ici là, nous serons à l'abri sur le glacier Kahiltna, voire au camp de base...

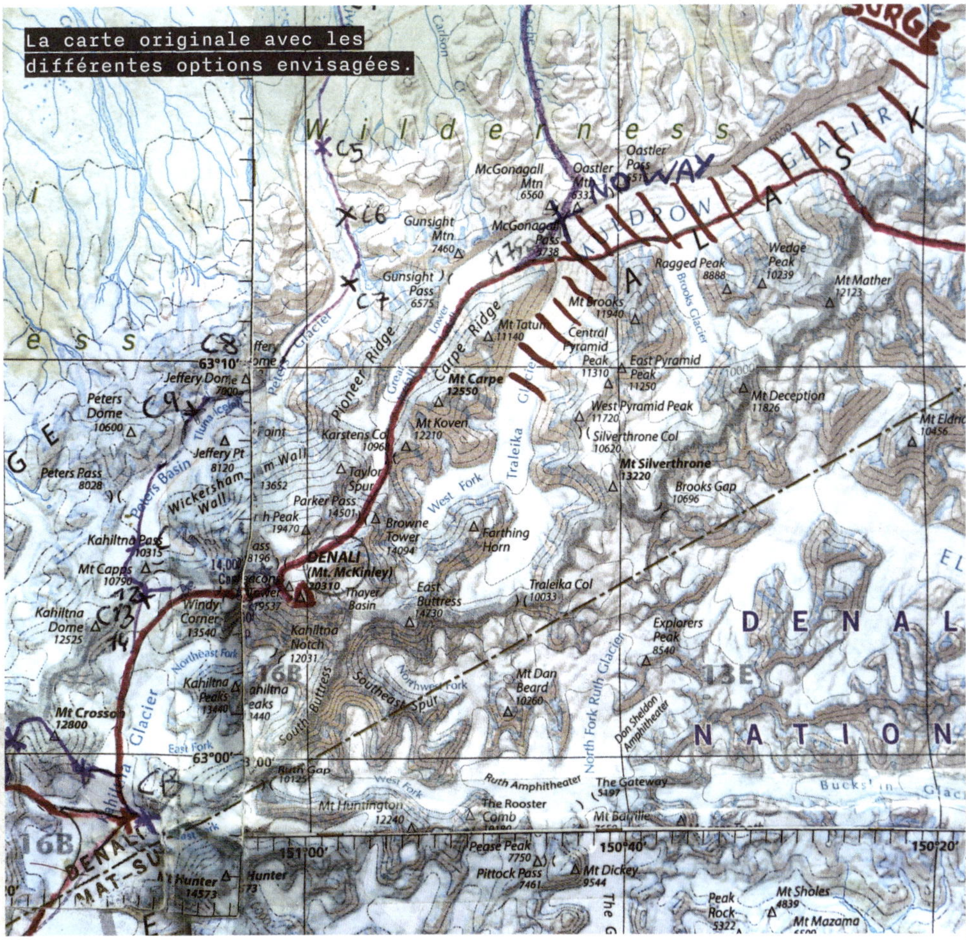

La carte originale avec les différentes options envisagées.

PLAN B

Après la déconvenue de la surge sur le glacier Muldrow, c'est Mark Westman[1] qui nous avait suggéré de jeter un œil autour du Kahiltna pass pour prendre pied dans le massif et atteindre le sommet du Denali par la *West Buttress route*. Maintenant que nous touchons le camp de base du bout des spatules, nous devons avouer que ce plan B a été salvateur. Sur le versant Muldrow, à plus de 5 500 mètres d'altitude, il aurait été impossible de hisser tout notre matériel. D'autant que la voie classique, la *Karstens ridge*, est beaucoup plus technique que notre itinéraire actuel.

[1] Mark Westman, *Denali mountaineering ranger* et arpenteur du massif depuis trois décennies.

PHASE 1

LA CREVASSE

Pour accéder au camp de base du Denali,
nous devons gravir le mont Capps,
une journée marquante pour toute l'équipe.

Une pause sous les immeubles de glace.

Alex

Aujourd'hui, le vent souffle très fort. Le calvaire n'est pas fini et le camp de base est encore loin. La tempête est annoncée comme furieuse en fin de journée. D'ici là, il faut faire passer notre matériel de l'autre côté du col. L'euphorie d'hier soir a disparu, d'autant qu'un lenticulaire s'est formé sur le mont Capps. Le vent descend la montagne à toute allure et nous avons passé une nuit polaire.

À peine sortis de la tente, nous nous faisons « démâter ». Nous enfilons les crampons pour entamer la marche des zombies dans les rafales qui nous déséquilibrent. L'atmosphère est démoniaque. Les nuages sont si sombres que seule une force maléfique pourrait y résider. Nous entrons au cœur de ce Mordor la tête baissée, mais déterminés comme jamais. De toute façon, nous n'avons pas le choix : les deux tiers de notre équipement se trouvent déjà au col et la tempête est annoncée pour au moins trois jours.

Les sacs sont encore très lourds. Nous faisons la trace avec, toujours, ces tours de glace qui nous surplombent. J'ai la boule au ventre car on ne s'habitue jamais vraiment à Damoclès. La fatigue se fait rapidement sentir mais, après 600 mètres en deux heures et demie de marche, nous atteignons enfin le dépôt.

Entre-temps, le lenticulaire s'est dissipé, ouf ! La visibilité nous permet d'apprécier le glacier Kahiltna mais il est impossible de rester face au vent plus de quelques secondes : les glaçons arrachés à la montagne nous griffent le visage. Un vent furieux, avait prédit Yan Giezendanner, notre routeur météo aka le sorcier des nuages. Il ne faut pas traîner, le ciel est encore bleu mais, déjà, loin au-dessus du Pacifique, l'horizon se fait laiteux.

Hélias, quelques dizaines de mètres sous le mont Capps.

Le morse du Denali.

Aurel : Et bien sacré voyage ! On arrive seulement au col Kahiltna et on a fait qu'un voyage. Il en reste deux et on a mis 3 heures. Mais on voit le Denali et ses pentes.
À Hélias : On va bientôt voir derrière !

Il est temps d'attaquer la descente : Hélias est en train de confectionner un corps-mort sur un ski. Il a repéré une ligne de descente qui semble peu tourmentée par les séracs. Nous ne pouvons pas nous fourvoyer à cet endroit : avec nos luges d'un quintal chacune, tomber dans une crevasse pourrait s'avérer dramatique, surtout avec la tempête qui fond sur nous. Dans une heure, il neigera. Il faut se dépêcher car on gèle déjà sur place. Chris est à la manœuvre pour mouliner les luges en raboutant deux brins de corde de 60 mètres. À vue d'œil, le plat du glacier semble être à 300 mètres, mais la pente de neige se mêle au ciel immaculé et les reliefs disparaissent. On part à vue avec 100 km/h en linéaire dans le « tarbouif ».
Avec indolence, je fixe mes bâtons sur la luge. Je me vache et j'attaque la descente : 40° de pente, 20 centimètres de neige fraîche sur fond dur. La luge se laisse guider sans trop rechigner. 60 mètres plus loin, je sens la corde qui se bloque. Je me retourne, Chris a les bras croisés au-dessus de la tête. Nous communiquons par gestes, car le vent rend impossible toute discussion orale. Je comprends que je dois alléger la luge pour qu'il fasse passer le nœud de jonction dans le mousqueton. Puis je poursuis la descente.
J'admire une cordée qui remonte la *West Buttress route*, la voie normale du Denali : ce sont les premiers êtres humains que nous voyons depuis plus de dix jours. Il s'agit sûrement des rangers qui montent au Medical Camp. Ils l'installent pour la saison au camp 4, à 4 300 mètres. Après avoir surmonté la côte de Ski Hill, ils progressent tranquillement vers le camp 3. En bas, il ne semble pas y avoir de vent et la réverbération du soleil doit rendre le cirque brûlant. Ici, la tendance se précise : il n'est pas question d'essayer de se faire dorer la pilule, qui gèlerait sans aucun doute.

Aurel tente de dompter les luges. Au fond, Alex, bien installé dans sa crevasse.

Un léger replat à mi-pente où je devine une crevasse m'oblige à faire un crochet sur la droite, là où le pont de neige semble être le plus solide. Une meringue de neige un peu plus raide me remet dans l'axe avant une zone plus plate en bonne neige où je me détends. Puis, en une fraction de seconde, les sons et le paysage s'évanouissent. La luge ne me tire plus vers le bas, nous sommes deux poids morts en apesanteur qui viennent de passer dans les coulisses du glacier. Je comprends immédiatement ce qu'il se passe, tout va si vite. J'atterris dans du coton, tout en douceur... Au moment où je prends conscience que je ne vole plus, une masse orange se referme sur moi comme une porte qui claque. Dans ma chute, j'ai doublé ma luge et la sangle qui nous unit a eu un effet jokari. Après quelques secondes de K.-O., je reprends connaissance alors que la neige autour de moi est maculée de sang. Je n'arrive pas à me relever car ma longe me tire vers le fond de la crevasse où la luge s'est plantée. Mes bâtons ont explosé lors de l'impact. Je me rends compte instantanément de deux choses :

1. Heureusement que je suis tombé à côté de la luge et non en dessous.
2. Heureusement que le pont de neige qui s'est effondré a condamné le fond de la crevasse.

Le plancher a l'air solide, je me détache, je fais quelques pas, hagard parmi les blocs, et je sors par la lèvre inférieure de la crevasse, me faisant instantanément gifler. Au fond, on est au moins à l'abri du vent.

« JE GUEULE MÉCANIQUEMENT « CREVASSE » ! »

Je m'extirpe du trou et lève les bras vers les trois petites têtes qui dépassent de l'arête faîtière, 100 mètres en amont. Je ne sais pas combien de temps je suis resté en bas, sûrement très peu, mais j'imagine les secondes d'attente interminable là-haut. En situation d'impuissance, les secondes durent des heures. Bien que les copains m'aient vu disparaître en direct et que le vent empêche toute communication, je gueule mécaniquement « CREVASSE » !

Puis je plante un pieu à neige. Je me vache large et descends vers ma luge qui trône sous un plafonnier étincelant. Le calme qui règne ici m'apaise en comparaison au tumulte extérieur. Je me sens presque en sécurité. Je « claque » une broche à glace pour sécuriser la luge et me roule une clope. Confortablement installé dans mon trou, un rayon de soleil me réchauffe le visage et je profite du spectacle de mes amis qui s'évertuent à faire descendre la seconde luge, sans pilote cette fois. L'endroit où je me trouve est parfait pour accueillir hommes et matériel, et ainsi fractionner la descente.

La livraison du second « colis » se passe mieux qu'espérée, du moins au début. Il vient se planter 10 mètres à ma gauche, sous la grosse meringue. Exactement dans la continuité du pont de neige qui s'est déjà effondré et dont je devine la fragilité de la partie encore en place. Après quelques calculs de physique optimistes, j'estime qu'il est posé sous la zone fragile. Je dois le récupérer coûte que coûte, alors je me détache et traverse à pas de velours en prenant soin de

rester exactement sur la lèvre inférieure. Au bout de quelques mètres, je pose les genoux pour étaler mon poids au maximum. Avec l'extrémité du piolet, j'arrive à crocheter une sangle qui court le long du paquet et je tire tout doucement pour le faire glisser sans à-coup. Je me retourne et regarde mes traces dans la neige : je suis exactement au milieu du pont. Je prie pour qu'il ne s'écroule pas. Il faut croire que la foi a ses effets car le pont de neige tient bon et j'arrive bientôt à prendre pied sur un sol dur, le colis dans la main. Livraison réussie...
Le vent continue de forcir et, cette fois, les deux dernières luges sont envoyées en même temps, avec Aurel au milieu qui tente de dompter ces deux canassons fougueux. Tous les 10 mètres, les luges glissent chacune de leur côté avant de se retourner. Aurel passe de l'une à l'autre en pestant. Avec une vision en contre-plongée de la pente, je comprends que la face est minée mais qu'il ne peut pas s'encorder et gérer les luges en même temps. Pour l'instant, cela ne semble pas occuper ses pensées et, malgré le vent, de jolis noms d'oiseaux me parviennent. Je découvre avec soulagement qu'Aurel Lardy est capable d'être agacé, preuve qu'il est humain après tout. Hélias saisit rapidement le problème et je le vois attaquer la descente pour venir en aide à son compagnon. Je me détends et filme quelques plans de mes amis en action.
Maintenant, ils avancent avec efficacité et se rapprochent de moi. Dès qu'ils sont à portée de voix, je les somme de faire attention et de se vacher sur leur luge, ce qu'ils ne font pas. Je continue de filmer, l'ambiance est top. 15 mètres au-dessus de moi, je les entends râler alors que les luges sont toujours aussi têtues. Je m'accroupis dans la crevasse afin de rallumer mon mégot et j'éteins machinalement la caméra. À ce moment précis, un énorme bruit sourd surgit des tréfonds du glacier. Je relève la tête et vois s'évanouir deux hommes et deux luges. Engloutis par la rupture d'un pont de neige de plus de 20 mètres de long, qui a cédé sous leur poids...
Puis, plus rien, sauf le vent et la petite tête de Chris 100 mètres plus haut qui, comme moi, vient de voir la moitié de l'équipe disparaître.

Une demi-seconde avant la chute.

Une demi-heure après la chute.

Aurel : « On faisait un rappel et on descendait les luges. T'es dans un truc où t'es animal complet, tu t'en fous en fait. Si tu veux, tu as conscience de tout ce qui peut se passer, des risques, etc. Mais tu te dis : faut que j'avance !
On descend, Hélias est juste devant moi et c'est comme dans un cauchemar, t'as vraiment tout le sol qui disparaît sous tes pieds. »

Aurel

La tempête fait rage et les esprits s'échauffent, nous décidons de ne pas, ou plutôt oublions de, nous encorder. Nous ne sommes plus qu'à une quarantaine de mètres d'Alex, nous pouvons à peine nous entendre mais nous arrivons à décoder :
« Attention les gars, je suis tombé dans une crevasse mais je suis sûr d'être passé sur un autre pont de neige. Et là, vous êtes dessus ! »
Nous nous regardons avec Hélias et nous acquiesçons mais cela ne nous fait ni chaud ni froid. Nous voulons juste avancer et nous tirer de là.

« QUELQUES SECONDES PLUS TARD, LE POIDS DES DEUX LUGES COMBINÉ À CELUI DE NOS CORPS FAIT ROMPRE LE PONT DE NEIGE. »

Hélias était en face de moi. Nous galérions, impatients. Il fallait rejoindre Alex et continuer vers le bas, vers notre salut. Dans un mouvement brusque pour redresser une luge, celle-ci s'est fracassée sur le sol. D'énormes pièces de puzzle sont apparues sous nos pieds.
Je ne quitte pas Hélias des yeux, j'ai complètement conscience de ce qui nous arrive. Nous sommes au beau milieu de l'Alaska, seuls ou presque à des centaines de kilomètres à la ronde. La tempête se déchaîne et le sol vient de se dérober sous nos crampons. La crevasse nous dévore, je n'ai aucune idée de sa profondeur. Durant la chute, j'ai le temps de penser à ma famille et à celle d'Hélias. Nos destins ne nous appartiennent plus. L'Alaska sera-t-elle clémente avec nous ?
6 ou 7 mètres plus bas, un pont de neige arrête notre chute interminable. Nous nous cherchons du regard. Nous nous trouvons à 5 mètres l'un de l'autre, entourés par d'énormes blocs de neige et de glace mais nous sommes indemnes. Je m'accroupis et pose ma tête dans mes deux mains ; le choc a été violent. Je crois même que quelques larmes s'échappent discrètement.
Sommes-nous des miraculés ?
Les deux luges sont suspendues à la lèvre supérieure, il faut les faire descendre dans la gueule du loup pour les vider car elles sont trop lourdes pour être sorties en l'état. Nous passons une heure dans cette crevasse, peut-être deux. Malgré le choc, nous devons bouger car le temps est compté et c'est la seule chose qui nous permettra de survivre dans cet environnement de vent, de froid, et de glace.

Chris doit effectuer un long détour pour passer la crevasse.

Alex

Je me sens impuissant, regardant à gauche, à droite. La crevasse qui me sépare de mes amis semble infranchissable. Ils m'ont l'air si proches mais tellement inaccessibles. Il faut que je me calme, le risque de suraccident est réel. Je regarde l'heure : il est 18 heures, le front de la tempête sera sur nous avant la nuit. Ne pas prendre de décision hâtive : je pense que je peux les rejoindre en traversant le pont sur lequel j'ai récupéré la luge un peu plus tôt.
Tout à coup, le yéti surgit de la crevasse. L'ours Hélias gueule de tout son soûl :
« Bordel de merde, on ne prend que des décisions à la con dans cette expé, j'en ai plein le cul ! Et toi, qu'est-ce que tu branles à rien foutre dans ta crevasse ? Viens nous aider, bon sang !
– Et Aurel ?
– Ouais, c'est bon, mais on doit défaire les luges pour les sortir de la crevasse. Viens nous aider ! »
Bon, j'y vais. Je traverse le pont en rampant et arrive à leur hauteur. Je découvre la cavité béante. Ils ont dû voler de 6 ou 7 mètres avant d'atterrir sur d'énormes canapés de neige feutrée. Quand je vois la taille des blocs et l'ampleur du trou, je remercie les divinités des Dena'ina. Je sais que ces tribus animistes vénèrent les éléments, les animaux, les montagnes, les cours d'eau ou encore les glaciers. Je m'imagine qu'elles viennent d'empêcher un dénouement macabre au fond du glacier, avec des tonnes de neige sur la figure. Je rends grâce à la divinité du vide de ne pas avoir été plus grande.
Sous des orgues de glace, Aurel est assis, le regard immobile, vitreux. Mentalement, il s'est fait « blaster » et a besoin d'un moment pour se remettre. Lui qui, la veille, nous avait partagé sa phobie des crevasses depuis qu'une rimaye l'avait dévoré au mont Maudit.
Chris nous rejoint et doit effectuer un long détour pour contourner la crevasse ; la hauteur depuis la lèvre supérieure est énorme. Tout à coup, une flemme incroyable s'empare de nous :
« Alex ? Crois-tu qu'il soit possible de lâcher les luges d'ici ? demande Hélias.
– Grave, ça passe, la pente est nickel : pas de crevasse, pas de sérac et un grand plat en bas pour qu'elles s'arrêtent. »
Le pari est osé, voire idiot. Nous nous voilons la face. Mais, si les luges passent, nous pouvons être en bas dans une demi-heure, au chaud sous la tente. C'est tentant...
Il y a bien ma crevasse 10 mètres en aval, mais en lâchant la luge légèrement vers la gauche, on devrait pouvoir sauter par-dessus... Logique hypoxique.

« Oui. C'est sûr que ça se fait, rempile Hélias. Tu es OK, Aurel ?
– Du moment qu'on est en bas avant ce soir, je m'en fiche. »
C'est parti ! Nous lâchons un poids lourd de 100 kg dans 35° de pente. La vitesse prise en une demi-seconde est hallucinante, elle passe parfaitement au-dessus de ma crevasse, glisse quelques dizaines de mètres avant de disparaître dans le grand blanc.
« Zut, pourtant la pente semblait uniforme vue d'ici, avance Hélias.
– T'inquiète pas, c'est juste un mouvement de terrain, elle va ressortir en bas. »
Les secondes passent et rien ne réapparaît sur le glacier. Il est certain qu'elle s'est tanquée quelque part, espérons que ce ne soit pas au fond d'une crevasse. Avec Hélias, nous nous regardons, l'air gêné de deux gamins qui viennent de faire une bêtise qu'ils auraient pu éviter.
Bon, nous verrons ça plus tard, le temps presse, il faut encore mouliner trois luges dispersées dans deux crevasses différentes. Cette journée se transforme en Bérézina.

« NOUS SOMMES TELS DES ANIMAUX EMPLIS D'UN INSTINCT INFAILLIBLE. »

Nous envoyons la deuxième luge avec Hélias. Le jour blanc est de plus en plus épais et le vent nous rend toujours la tâche ardue. Hélias s'en sort comme un chef jusqu'à ce qu'une rupture de pente l'efface de l'horizon. Il va falloir continuer au *feeling* des vibrations de la corde. À 120 mètres, nous bloquons fermement la moulinette, espérant que notre ami comprenne que nous sommes en bout de corde. En une minute, une luge apparaît sur le glacier et s'arrête tranquillement sur le plat. Et d'une !
Nous ravalons la corde. Hélias ne réapparaît toujours pas, il a dû se mettre en quête de la luge d'Aurel.
Nous faisons le bilan : nous sommes maintenant avec Chris et Aurel dans la crevasse supérieure qui a été vidée. Hélias est en bas avec une luge et en cherche une autre. Il en reste deux dans la crevasse inférieure.
Je redescends illico dans mon trou pour expédier un nouveau colis. Aurel l'oriente à ski. En quelques secondes, il disparaît, lui aussi, sous la cassure.
Je me dis que mes trois compagnons sont vraiment efficaces. Tous leurs gestes sont précis. Chacun sait ce qu'il a à faire et les décisions sont prises dans le silence. Nous sommes en mode « mystique », très concentrés pour ne pas faire d'erreur. Nous sommes tels des animaux emplis d'un instinct infaillible. Je prends conscience de l'ultra compétence de notre groupe dans ce moment si crucial.
La corde se ramollit : Aurel a dû détacher la luge en bas et Chris, toujours dans la crevasse du haut, doit être en train de démonter le relais.
C'est alors que nous voyons débarouler une luge, en bas sur le glacier. Mais contrairement à la trace directe de la luge précédente, celle-ci s'élance dans une série de tonneaux à grande vitesse. Des objets de toutes tailles s'éparpillent sur le glacier.
Quelques secondes plus tard, Chris me rejoint et jette un œil dans la pente :
« C'est ma luge en bas en vrac ?
– J'en ai bien peur.
– Pu...rée de patate ! Il y a mes skis et le drone dedans !
– Le drone ! »

En plus d'être une caméra compacte et volante, c'est un outil indispensable pour repérer notre itinéraire à travers les glaciers, les moraines et les rivières. S'il est cassé, le chemin du retour sera encore plus difficile.
Pas le temps de tergiverser, je retourne au fond de la crevasse et installe ce qui sera, j'espère, l'ultime moulinette de la journée.
Nous plaçons la dernière luge sans traîner. Chris dirige la charge. Par précaution, il s'est vaché avec une grande sangle.
Au bout de 100 mètres, la corde se détend, c'est le signal pour moi de démonter le relais et de chausser mes skis. Je mets mon masque pour pouvoir ouvrir les yeux dans la tempête mais il est complètement givré de l'intérieur. Les sueurs froides de ces dernières heures ont gelé au contact de la vitre. Je vois comme à travers une fenêtre de voiture non dégivrée, un matin d'hiver : impossible de descendre dans ces conditions. Je gratte en vain. Tant pis, je descendrai les yeux fermés et en dérapage. Adieu, crevasse maudite.
Je me suis encordé pour avoir un fil d'Ariane. En 20 minutes, les nuages qui arrivaient au pas de course depuis le Pacifique nous ont totalement absorbés. Je ne distingue plus le bas du glacier, ni le haut de la face, je vois à peine mes pieds. Presque aveugle avec les rafales qui me fouettent le visage, je fais confiance à cette corde orange qui s'efface à quelques mètres de moi. Après 100 mètres de dérapage, j'arrive à la cassure. Le vent se calme et je me retrouve 10 mètres au-dessus de Chris et Aurel. Ils sont postés là avec ma luge, juste sous la rimaye. J'aperçois Hélias, 30 mètres à gauche qui vient de récupérer le traîneau d'Aurel entre les séracs. Tout commence à rentrer dans l'ordre et nous n'avons perdu aucun matériel.
Juste sous mes pieds, dans les traces, un trou ouvert sur la rimaye. Quelqu'un a dû tomber… « Traverse vite, c'est peu profond » me dit Chris qui est passé « dans le pot » il y a quelques minutes. Le compte est bon. Aujourd'hui, nous sommes tous les quatre tombés dans les crevasses du mont Capps.
Hélias et Aurel sont déjà en bas à rassembler les affaires, et Chris les rejoint pour faire l'état des lieux. Je plie la corde et retrouve la troupe en chasse-neige tel un pisteur, en assurant la luge qui me précède.

« LA TEMPÊTE NOUS A AVALÉS ET ELLE VA DURER TROIS JOURS. »

Il est 20 heures, nous sommes tous sains et saufs sur le glacier. Apparemment, rien ne s'est cassé à part mes bâtons. Nous ne voyons plus rien du tout, la tempête nous a avalés et elle va durer trois jours. Nous traînons nos caddies comme des vagabonds célestes sur quelques centaines de mètres. Lorsque nous estimons être assez loin de la face en cas d'avalanche, nous installons le camp, non loin de la *West Buttress route*.
La température chute rapidement dans le nuage, ce n'est pas encore le moment de nous poser. Tant que nos corps sont chauds, nous entamons la routine quotidienne : préparation de la plateforme, installation de la tente, organisation du matériel de camping, de la nourriture et du combustible.
Une soupe, un lyoph' et des cigarettes – même pour les non-fumeurs – afin de débriefer. L'enceinte nous réchauffe le cœur avec des balades libanaises. Il est 2 heures du matin, la tente ploie sous les assauts du vent et il neige à l'horizontale. Nous avons validé, à la dure, l'examen d'entrée dans le massif du Denali. Le temps de la haute altitude est finalement arrivé.

Christophe, en grand enfant, sublime le paysage avec sa voile. En arrière-plan, le sommet nord (à gauche) et le sommet sud (à droite) du Denali.

a voie normale du Denali u *West Buttress route* remonte e glacier derrière Chris.

PHASE 2

LE TEMPS DE LA HAUTE ALTITUDE

Nous voilà au camp de base du Denali. Nous sommes seuls ou presque. La saison d'ascension pointe le bout de son nez. En arrière-plan, l'immense mont Foraker.

PHASE 2

RETOUR SUR TERRE

Le calme après la tempête. Nous avons passé 4 jours et 4 nuits bloqués ici. En arrière-plan, les pentes du mont Capps.

Enfin une grasse matinée... Premier jour de repos, treize jours après le départ de Kantishna. Comme indiqué, il ne fait pas beau : il y a peu de vent mais tout est bouché et il neige. L'humidité dans la tente est intense. Nous chillons en écoutant de la musique, immobiles pendant des heures, à scruter la toile de tente.

Le lendemain, nous nous réveillons dans un hôtel de cristal. Nous avons dormi comme des bébés. Chris prépare le petit-déjeuner puis estime qu'il fait suffisamment beau pour partir mais nous ne sommes pas chauds.

Plus tard, nous sortons planquer la bouffe pour la future ascension du Denali. Nous prévoyons de descendre au camp de base dès que le temps le permettra, de sécher notre matériel et nos vêtements et de repartir légers en repassant ici pour récupérer les vivres.

12 jours x 4 personnes = 96 repas, dans un trou de 1 mètre de profondeur, avec 12 litres d'essence. Une grande sonde avec un autocollant au sommet marque l'emplacement. Ce genre de caches jalonne l'itinéraire du Denali. Les expéditions les enterrent à divers endroits selon leur stratégie. Le trou doit être assez profond pour ne pas que les corbeaux noirs, avec leur immense bec, puissent disperser les emballages sur le glacier.

Le sorcier des nuages a annoncé la suite de la tempête avec 100 km/h de vent dès ce soir. Nous couchons les skis derrière la tente pour éviter qu'ils ne se cassent. Chris fabrique un mur afin de protéger les toilettes. Aurel profite que nous soyons tous dehors pour nettoyer le salon. Tout est aéré puis nous rentrons, presque secs, avant le nouveau front.

À l'intérieur, nous nous bichonnons : huile essentielle sur les pieds, crème hydratante et paillettes sur le visage. Je confectionne un pansement avec du scotch américain car mes phalanges sont à vif à cause des morsures du soleil et de la glace. La musique crachée par l'enceinte nous embarque à bord de l'Orient-Express jusqu'à une plage jamaïcaine. Puis arrive *Marie* de Lily Claire :

« *C'est en Bretagne que je t'ai connue*
Et c'est dans l'eau que je t'ai vue
[...]
Tu t'approches, tu me révèles ton nom
Je te dévisage et je te réponds
Marie, est-ce que tu aimerais sortir avec moi ?
C'est la première fois que j'entends ta voix
Et j'aimerais encore l'entendre
Mille fois... »[1]

Sur le refrain, une note de piano avec un écho appuyé me soulève de mon tapis de sol et me propulse comme une formidable houle. Marie me rejoint et nous survolons ensemble le massif du Denali main dans la main.

Dehors, le vent hurle toujours.

[1] Lily Claire, *Marie*, dans Val-André (EP), Lily Claire/Joe Actill Music, 2022

Jour 14. La tempête ne décolère pas. Boucan d'enfer avec la tente qui claque en permanence. Le réveil est désagréable : il neige à l'intérieur, la faute au CO_2 que nous expirons et qui gèle en filaments lorsqu'il touche les parois.
À chaque fois que nous devons faire nos besoins, c'est une mini-expédition et même dans ces moments, nous fonctionnons en équipe : le portier, fermeture Éclair en main, s'occupe de la sortie et du retour du héros. Un autre, l'infirmier, est installé au fond de la tente et se prépare à le réceptionner pour lui réchauffer les mains. Souvent gelées, parfois souillées, il fourre les membres sous ses aisselles, l'endroit le plus chaud du corps humain. Enfin, le cuisinier prépare un thé brûlant. Doudoune, cagoule et masque de ski sont l'attirail obligatoire pour aller à la selle dans ces conditions. L'affaire doit être pliée en quelques secondes pour éviter de graves gelures aux doigts. En ressenti, il doit faire dans les -30 °C.

« NOUS NOUS CONTENTONS DU MINIMUM VITAL. LA PROMISCUITÉ DEVIENT CONFORTABLE. »

Je prépare une bouillie avec du beurre de cacahuète, des graines et des baies de goji. Ce petit-déjeuner met du baume à nos cœurs de tigres fatigués. Cela change des lyoph' insipides que nous ingurgitons machinalement chaque matin.
Encore une fois, la journée s'égrène dans la bonne humeur et l'humidité ambiante. Nous enchaînons les cigarettes – les conditions atmosphériques nous autorisent à fumer dans la tente – et discutons des stratégies d'ascension. Parties de cartes, lectures, podcasts, siestes et bulletins météo : encore deux jours de mauvais temps avec du froid.
Le froid, toujours...
J'en ai marre de lutter constamment pour me réchauffer. La nuit, le jour, tout le temps. Ici, le corps consomme une énergie folle juste pour se maintenir à température. Nous parlons et rêvons de surf et de chaleur, de nourriture fraîche et de boissons sucrées. De *dolce vita* où tout serait léger et facile. Dans notre monde présent, tout est usant pour le corps et l'esprit.
Nous nous contentons du minimum vital. La promiscuité devient confortable. Nous ne nous soucions plus de nos chaussettes humides, l'important est de les garder au chaud. Tout a un but essentiel : se réchauffer, se nourrir, faire ses besoins, se reposer et toujours avancer vers des contrées plus hospitalières où nous pourrons récupérer, allongés au soleil. Nous nous transformons tranquillement en bestioles et c'est assez jouissif.
Le temps change enfin, c'est le signal. Nous déneigeons et plions le camp, après trois jours terrés comme des bêtes. Une neige douce et peu profonde accueille nos premières traces directes, luges en mains. Nous descendons la grande pente de Ski Hill à fond les ballons. Les kilomètres sont avalés sans effort, la vue est à couper le souffle lorsque le ciel de traîne se déchire et laisse apparaître tantôt le Foraker, tantôt la face sud du Denali.

ARRIVÉE AU CAMP DE BASE DU DENALI

Nous croisons des cordées américaines et japonaises. En quinze jours, ce sont les premiers humains que nous approchons. Nous sommes super excités. Mais la troupe est tout à sa mission de conquête du Denali. Même si très courtoise, elle ne semble pas encline à tailler le bout de gras avec nous. Tout le monde est vraiment chargé et en raquettes, donc très lents. Nous découvrons le rythme des prétendants au sommet pour la première fois. À moins de 2 500 mètres d'altitude,

27 paquets de tabac à rouler pour 50 jours d'expédition.

Activités durant les jours de tempête.

J18. Enfin au camp de base du Denali.

En saison, le camp de base est un véritable aérodrome.

Hélias : « Ça va Alex ?
- Monstre bien. On avance sans trop d'effort. On profite de la vue, du soleil. Il fait frais, juste ce qu'il faut. On est plein d'entrain pour aborder cette deuxième phase avec joie, bonne humeur, détermination et surtout sécurité. Les événements de ces derniers jours nous ont rappelé qu'il vaut mieux penser deux fois qu'une. […] Après la crevasse, il y a eu quatre jours de réflexion derrière pour se dire : OK les gars, faites le point avec nous-mêmes maintenant, c'est quoi le délire là ?
- Tu crois qu'il y a vraiment eu un point ?
- On a tous fait un point dans notre tête.
- Oui, oui. »

Alex : « Nous sommes des animaux, l'animal est toujours à l'affût pour survivre dans cet environnement hostile et austère. Petit à petit, nous nous transformons. C'est ainsi que nous dompterons les montagnes, enfin, si elles veulent bien nous laisser passer. »

Avalanche depuis la face nord du Begguya.

certains saturent déjà physiquement. Leurs luges, chargées pour une quinzaine de jours, sont aussi grosses que les nôtres pour cinquante. Ces aspirants à l'aventure arrivent du camp de base du Denali, situé au pied de la face nord du Begguya, le nom amérindien du mont Hunter. Il nous reste encore 10 kilomètres pour y parvenir.
Le paysage se dégage et révèle de nombreuses vallées frigorifères qui débouchent sur cet immense glacier Kahiltna. Les fameux vents catabatiques, qui descendent des montagnes lorsque point le jour, apportent une masse froide dans cette vallée. L'adage des *Jours sauvages* dit d'ailleurs : « *Lorsque la bise du soir te pique le nez et qu'à ta morve il ne manque qu'un cornet, c'est qu'il est temps de te faxer dans ton duvet.* »
Nous arrivons en fin d'après-midi au camp de base du Denali. Dès que les conditions le permettent, des avions apportent sans cesse hommes et denrées dans ce lieu unique. Il y a peu de tentes car c'est le début de la saison. Nous allons nous présenter aux rangers. Une bande de copines nous accueille : les gars sont au Medical Camp pour installer le camp qui servira de support pour la saison. Nous apprenons qu'un Allemand, Jost Kobusch, a atteint le sommet en solo cet hiver. Il y a aussi trois Japonais qui sont partis à pied de la côte Pacifique en mars dernier. Actuellement au camp 4 depuis une vingtaine de jours, ils attendent qu'une fenêtre se dessine. Leur délire, c'est les *7 Summits*. Ils en sont au sixième mais leur particularité, c'est qu'ils partent, à chaque fois, à pied depuis l'océan. Après le Denali, ils ont prévu de se rendre à Calcutta pour atteindre l'Everest et boucler leur projet *Sea to 7 Summits*. Nous avons hâte de les rencontrer.

Nous séchons tout le matériel au camp de base : rien n'a été épargné par l'humidité durant la tempête. De vrais marchands de tapis ! Les *summiters* descendent de l'avion en petites foulées avec leur matériel flambant neuf, rasés du matin et sentant le printemps. Ils assistent à un inventaire insolite et malodorant mené par quatre individus bien ensauvagés : chemises bariolées et paillettes sur la figure avec, en fond sonore, *L'amour qui venait du froid* de Dalida. Toute la journée, une traileuse passe et repasse devant nous. Nous la dévisageons, clope au bec. Au bout d'un

moment, son accent nasillard nous interpelle : « *Hi guys, I want to break the record on the West Buttress, we shoot a movie for The North Face.*[1] »
Aucune réaction derrière nos verres fumés, les silences ne nous gênent plus depuis longtemps. Son acclimatation à ce genre de situation n'est pas encore optimale, elle enchaîne donc : « *And you, what are you doing up here ?*[2] »
Chris, toujours avenant, tente de lui expliquer : Kantishna, Wonder Lake, Denali, Foraker, skis, packraft, cinquante jours, *heavy and slow*…
Des yeux surlignés à l'eyeliner s'écarquillent devant la beauté sauvage de Chris, le « gendre idéal » de l'équipe. Notre accent n'est certes pas très yankee, mais nous comprenons vite que le problème n'est pas linguistique mais géographique. Pour l'athlète comme pour beaucoup ici, l'expédition au Denali se résume à :

1. Atterrissage à Anchorage ;
2. Transfert à Talkeetna ;
3. Vol jusqu'au camp de base ;
4. 2 à 3 semaines dans le tunnel de leur objectif ;
5. Retour par le même chemin.

Le tout encadré par des guides de haute montagne américains qui s'occupent aussi de l'installation des tentes et de la nourriture. Comptez environ 10 000 euros par personne, orgasme égotique assuré avec selfie au sommet.
Nous rechargeons les corps et les batteries en lézardant au soleil. Le sorcier des nuages annonce une fenêtre météo pour les prochains jours. C'est décidé, demain matin, nous partons vers le sommet.

« IL EST IMPORTANT, DANS CE GENRE DE PROJET AU LONG COURS, DE SCINDER LE TRAJET EN CHAPITRES. »

Le 6 mai, nous quittons le camp de base. Remontée express des 10 kilomètres du glacier Kahiltna sous un soleil radieux. Nous croisons du monde. Nous papotons, rigolons. Il y a pas mal de Chiliens dont un vieux monsieur de plus de 70 ans qui revient pour tenter le dernier sommet de sa liste des sept. Il lui résiste depuis des années.
Pour la première fois, nous avançons légers, libres de nos mouvements. C'est une délivrance pour le corps et l'esprit, nous pouvons imaginer les prochaines semaines dans une parfaite plénitude. Il est important, dans ce genre de projet au long cours, de scinder le trajet en chapitres. L'approche est derrière nous, nous la rangeons dans un coin de notre tête et nous nourrissons de l'expérience vécue pour envisager la suite : nouvelle page blanche.
Nous arrivons au camp du mont Capps en fin d'après-midi et ouvrons la cache. Nous disposons maintenant d'assez de nourriture et de combustible pour atteindre le sommet.
Après une douce nuit, nous montons au camp 3. Après-midi horizontal dans la tente pendant que Chris se rend au Medical Camp en vue de discuter avec les rangers. Il veut préparer le terrain afin de négocier une autorisation pour le sommet avant la date de notre permis d'ascension, fixée au 13 mai.
Premier contact plutôt sympathique avec la police d'altitude : il revient trois heures plus tard avec des barres de chocolat. Demain, nous serons tous là-haut pour discuter.

[1] « Salut les gars, je veux battre le record de la voie normale en courant. Nous faisons un film pour The North Face. »
[2] « Et vous, qu'est-ce que vous faites là ? »

PHASE 2

SUR LE DENALI

Cheveux longs, moustache gelée, sac de 35 kg. Alex n'est pas vraiment l'alpiniste type du XXIe siècle. En arrière-plan, le mont Foraker.

Hélias sort enfin au plateau du camp 4.

Alex

De la neige s'immisce dans mon duvet lorsque j'ouvre la porte pour préparer le petit-déjeuner. Contrarié dès le réveil, je sens que je ne suis pas dans un bon jour. Le camp est pris dans un épais nuage et le vent s'est remis à souffler. Seuls deux Japonais s'ébranlent. 20 minutes plus tard, ils rentrent se mettre au chaud. Nous serons tranquilles aujourd'hui en montagne. Nous attaquons le raide mur en direction de Motorcycle Head, l'épaule de glace qui se trouve au-dessus du camp. Au passage de la rimaye, je me retrouve enfoncé jusqu'à la taille. À ma gauche, une trace s'arrête net, elle aussi dans le trou. C'est sûrement le record d'altitude des Japonais ce matin. 200 mètres plus haut, nous débouchons au col, en plein vent. La pente est lustrée. Je ne me sens pas en forme : avancer dans les rafales, avec la luge qui me tire, est très pénible. Je suis transi de froid et j'avance comme un Bibendum. Incapable de trouver un rythme, je m'arrête toutes les 10 minutes, cassé en deux sur mes bâtons pour reprendre mon souffle. Hélias me dit que je ressemble à ses clients quand il guide au mont Blanc.

« LE VENT EST COMME UNE MASSUE. »

Plus haut, c'est le passage de Windy Corner ou, plutôt, l'enfer sur terre. Perché à 4 000 mètres, il peut s'avérer d'une rare brutalité en cas de tempête. Le vent est comme une massue qui nous assomme. C'est la porte de la haute altitude. Heureusement, le vent se calme dès que nous sortons de ce maudit nuage. Nous prenons alors pied sur le plateau qui file en pente douce vers Medical Camp où nous arrivons vers 16 heures.

En plus des rangers, il y a deux Polonais qui envisagent de grimper la *voie Cassin* en versant sud. Nous rencontrons les trois Japonais qui entrevoient enfin une fenêtre pour le sommet. Eux partiront demain vers le camp 5, à 5 250 mètres.

Nous sommes au-dessus de la mer de nuages, flottant, seuls sur l'immensité boréale, le sommet du Foraker juste en face, comme si nous étions les deux uniques îles d'un océan ouaté. Demain, la journée sera dédiée au farniente et à l'amitié franco-américaine.

Nous nous accordons une journée d'acclimatation au soleil, à ne rien faire. Dans l'après-midi, les Polonais redescendent du col qui donne accès au départ de la *voie Cassin*. Ils ont erré toute la nuit pour trouver un passage mais les conditions étaient mauvaises. Ils ont dû rebrousser chemin. Il est tôt dans la saison et le froid empêche la tenue de la neige sur la glace. À la suite des discussions avec les grimpeurs et les rangers, notre plan de skier un nouvel itinéraire depuis le sommet semble compromis. Dans le même temps, le moral est au beau fixe puisque le chef des rangers nous a proposé un deal pour notre permis : demain, si nous montons au-dessus du camp pour déglacer les cordes fixes, nous aurons le droit de grimper vers le sommet avant le 13 mai.

Libérer les cordes est un travail harassant. Après une demi-journée de labeur, nous redescendons au camp avec notre ticket pour le sommet. Nous devons toujours trouver une voie de descente. Il y a trois couloirs au-dessus du plateau : le *Messner*, l'*Orient Express* et la *West Rib*. Actuellement, ils sont bleu fluo au soleil, très esthétiques mais sûrement peu skiants. Nous reportons le choix au moment de la descente.
Ce soir il fait doux, presque chaud. Pour la première fois, je retire mon chandail dans la nuit. Cependant, une douleur lombaire me tiraille et m'empêche de dormir. Serait-ce le contrecoup de quinze journées d'efforts intenses à tirer une luge d'une fois et demie mon poids ? Aucune idée mais le manège de la parano est en roue libre. Et si demain, je ne pouvais pas repartir ? Et si l'expé capotait à cause de moi ? Et si je prenais tout de suite les anti-inflammatoires pour ne plus avoir mal ?
Tranquille le chat, remets tes écouteurs, roule-toi une clope et va profiter du clair de lune pour une fois qu'il ne fait pas froid. Pour le reste, tu verras bien demain…
À regarder les étoiles, je me replonge dans la première ascension de la *West Buttress route* réalisée en 1951 par Bradford Washburn (le même qui a capturé les photos du massif depuis un avion).

Montée au camp 5. D'abord, nous nous hissons sur les cordes fixes, maintenant libérées. Puis, nous remontons une superbe arête parsemée de gendarmes de granit. Les mollets chauffent car la pente est en glace. Nous sortons enfin des nuages pour dominer tous les sommets, nous sommes aux alentours de 5 000 mètres. L'oxygène se fait rare et le monde ralentit.

Cordes fixes, 4 400 mètres

Alex : « Chaque début de saison, les rangers viennent ici et font comme Hélias, c'est-à-dire qu'ils retirent la corde de la neige pour permettre aux ascensionnistes des prochaines semaines de l'utiliser. »

À 5 300 m, nous rejoignons les Japonais. Ils sont les premiers de la saison à tenter le sommet.

À 5 250 mètres d'altitude, nous errons toute la journée autour du camp 5 pour peaufiner notre acclimatation. Nos amis japonais partent dans la matinée, ce sont les premiers ascensionnistes de la saison. Ils sont à pied et mettent un temps infini à revenir du sommet. Ils apparaissent alors transformés, titubant et à bout de forces, ayant l'air plus riches et accomplis que le matin même.
Je ressens une certaine appréhension en les voyant. Ils sont épuisés, des fantômes. Demain, serai-je à mon tour une ombre ?

Nous sommes venus sur le Denali avec un projet d'ouverture à skis sur l'une des faces sauvages du géant. Mais, avec un hiver rude et de nombreuses tempêtes, la montagne est complètement dépecée, déchirée par les vents. La glace est partout, même dans les voies les plus accessibles.
En plan B, nous choisissons l'*Orient Express* comme ligne de descente. Un couloir orienté ouest, suspendu au-dessus du massif sur 2 000 mètres de dénivelé avec une inclinaison raisonnable entre 40 et 45°. Mais la présence de glace rend la descente périlleuse et exige une grande concentration. Les rangers du parc nous déconseillent à plusieurs reprises de descendre par cet itinéraire. « *It's too early*[1] », disent-ils. Je ne crois pas qu'ils aient déjà vu des skieurs se lancer dans ce gigantesque toboggan aussi tôt dans la saison.

Nous admirons, les yeux écarquillés, un des plus beaux couchers de soleil que l'Alaska puisse nous offrir. Les couleurs sont irréelles, les cirrus mêlés aux dégradés du ciel nous offrent un ballet sans pareil. La mer de nuages, située 2 000 mètres en contrebas, inonde les glaciers et sommets de moindre altitude. Haut perchés, nous naviguons sur celle-ci, humbles passagers du cargo Denali. Nous nous sentons privilégiés ce soir-là. Plusieurs d'entre nous versent quelques larmes. Nous vivons l'instant à 1 000 %. D'ici, nous pouvons visualiser le chemin déjà parcouru depuis le jour 1 de l'aventure et surtout deviner la suite du trajet. Encore si long, semé d'embûches mais surtout de bonheurs, de rires, de larmes et peut-être de quelques plantigrades.

Mais ce soir-là, ma famille me manque et je suis triste de comprendre que ces moments resteront à jamais enfermés dans mon cœur, sans possibilité de les partager à leur juste intensité.

[1] « C'est trop tôt. »

12 mai 2023

PHASE 2

LE JOUR LE PLUS HAUT

Arrête sommitale du Denali.
Hélias prend la photo, ses fidèles
compagnons lui emboîtent le pas.

Aurel

« COMME UN GUERRIER, J'ACCUEILLE LES PAILLETTES »

L'objectif est d'atteindre le sommet du Denali à 6 190 mètres puis de redescendre dormir au camp 3 à 4 330 mètres en skiant l'*Orient Express*. Pour cela, nous devrons porter tout notre matériel sur une bonne partie de l'ascension. Nous le déposerons à l'entrée du couloir situé sur le plateau à 6 000 mètres, puis nous continuerons vers le sommet avant de le récupérer à la descente.

Avant de plier le camp et de se mettre en route vers les cieux, vient la cérémonie des paillettes. C'est un « gri-gri » qui appartient à Alex et Hélias depuis une soirée trop arrosée lors d'une expédition sur le mont Logan et qu'ils partagent avec nous aujourd'hui. C'est pour moi la première fois que je me prête au jeu, tel un enfant à qui l'on applique de la peinture sur le visage pour ressembler à un super-héros. Je me livre à Hélias, lui offrant mon visage, et le laisse concentré à sa tâche, lui-même barbouillé d'étoiles. Je ne vois presque plus sa bouille. Comme un guerrier paré à partir au combat, j'accueille les paillettes. Elles me rendent fier, fort et prêt à braver l'ivresse de l'altitude.

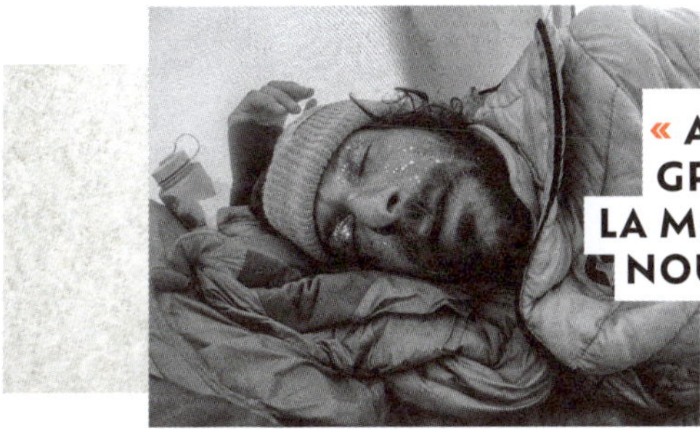

« AUJOURD'HUI NOUS GRIMPONS SEULS SUR LA MONTAGNE, LÀ-HAUT, NOUS SERONS LES ROIS DU MONDE. »

Nous nous enlaçons, nous embrassons, nous encourageons. Sans peur, il n'y a pas de courage !
Nous partons du camp 5 vers 10 heures, à une altitude de 5 250 mètres. La journée commence par une grande traversée dans une pente exposée. La neige est dure, parfois en glace. Il faut être vigilant. L'altitude se fait sentir assez rapidement. Nous avançons lentement. Dans notre imaginaire, il n'est pas question d'opérer un demi-tour. Nous venons de si loin. Dans un peu moins d'une semaine, cela fera un mois que nous sommes partis et nous sommes seulement à la moitié de notre périple.
L'arrivée autour de 6 000 mètres se fait sans grande difficulté, mais les heures défilent et l'énergie s'amenuise. Nous allons bientôt pouvoir déposer notre matériel en haut de l'*Orient Express*. Nous avons déjà la sensation d'être dans l'espace et nous voyons très loin. Il fait beau et les températures sont correctes.

Nous voilà allégés : un sac avec un peu d'eau, quelques barres de céréales et les skis bien accrochés. C'est ici que, pour moi, la souffrance commence. Devant nous s'étend un grand plateau d'un kilomètre que nous devons traverser avant d'attaquer les 200 derniers mètres de l'arête sommitale. Ce plateau nommé Football Field (le terrain de football) me paraît interminable. Je dois poser un genou à terre toutes les 5 minutes pour souffler, lever la tête et analyser le chemin qu'il me reste à parcourir. Ça n'avance pas. La traversée est gigantesque et l'engagement devient plus sérieux. Nous sommes perchés, tous fatigués et il ne faudrait pas souffrir du mal des montagnes ou prendre le mauvais temps ici. Le retour s'avérerait épouvantable, voire fatal… L'ascension continue et Hélias nous a distancés. Il a quelques centaines de mètres d'avance. Alex le suit de près et Chris n'est pas loin devant moi. Il m'encourage et m'attend une fois arrivé sur l'arête sommitale. Son soutien m'est précieux. C'est dur, j'en bave vraiment, mais je me sens bien. Je suis heureux de partager ce sommet avec ces trois magnifiques amis qui, aujourd'hui, deviennent des frères.

Camp 5, 5 250 mètres

Hélias à Alex : « Plus bas, plus bas sur les yeux. »
Alex : « Aurel, tu veux des paillettes ?
- Ouais. »
Hélias, plus tard, alors qu'il tartine Aurel : « Purée, t'es trop beau ! En plus, le mix, violet et bleu là comme ça, il est trop bien.
- Avec la mer de nuages, ça va être trop beau. »

Camp 5
13/05/2023
10 heures
jour du sommet

« T'es prêt pour la grosse déglingue, Aurel ?
- Ouais grave, ah ah !
- On va sortir de nos corps et s'observer du dessus. J'adore ces moments, si on est bien, qu'on arrive à trouver un bon rythme, ce sont les meilleures sensations au monde, l'altitude…
- Oui, on évolue… »

Sommet du Denali, 6 190 m.

« ICI ET MAINTENANT. » JE ME RÉPÈTE EN BOUCLE CE MANTRA.

Christophe au-dessus du Denali pass à 5 600 m.

Alex

Si vous voyez un match de soccer sur Football Field, c'est qu'il est urgent de redescendre : les hallucinations dues à l'altitude et à l'épuisement sont fréquentes dans cette zone. Alors que je le traverse, je pense à la sélection bolivienne de football qui est la seule équipe invaincue à domicile dans toute son histoire. En effet, le stade de La Paz se situe à 4 000 mètres et seuls les joueurs boliviens parviennent à tenir 90 minutes en courant derrière un ballon à cette altitude.

De notre côté, toute la troupe semble bien se porter : nos sacs sont vides, il n'y a pas de vent et le sommet nous tend les bras. Je ressens l'excitation typique de la haute altitude. Une euphorie qu'il faut tempérer car, au royaume de l'hypoxie, le passage du paradis à l'enfer peut s'ouvrir en une minute, voire en une seconde.

Hélias est juste devant moi et franchit la rimaye de la dernière bosse. Je prends le temps de faire un plan fixe de mon ami au ralenti puis j'attaque la pente. Traversée à droite, arête, je ressens des vertiges. Les deux nuits précédentes où j'ai peu dormi se font sentir. Je suis comme dans un rêve et il serait confortable de se laisser happer par ce monde ouaté. Mais non ! Il faut se concentrer. À ma droite, il y a les 3 000 mètres de la mythique face sud du Denali. L'itinéraire sur lequel nous sommes n'est pas technique mais il suffit de s'assoupir un court instant et de trébucher du mauvais côté de l'arête pour que tout s'arrête.

« Ici et maintenant. » Je me répète en boucle ce mantra découvert sur la couverture d'un livre illuminé, *Remember, ici et maintenant*, du psychologue Richard Alpert, devenu Baba Ram Dass après avoir atteint des strates de conscience supérieures grâce à la psilocybine et au yoga.

Je continue sans souffrance. Je gère la fatigue et me laisse porter par le rythme méditatif de l'alpinisme, boosté au manque d'oxygène.

Je me tiens enfin sur l'arête sommitale et je me sens ultra-lucide, en pleine possession de l'instant. La joie m'envahit. Hélias est toujours devant moi, et avance sur la grosse meringue très photogénique du sommet. Je filme le plan iconique en pestant contre la crasse présente sur mon capteur, puis je repars.

Je pense à ma sœur, disparue en 2022 ; je la sens derrière mon épaule, elle m'accompagne. J'échange quelques banalités avec elle puis, les yeux humides, j'admire la silhouette d'Hélias qui se découpe dans le ciel bleu. Il ne semble plus rien y avoir au-dessus de lui. Il s'arrête d'un seul coup et tourne sur lui-même en regardant ses pieds. Mais que fait-il ? Est-ce le MAM[1] ou une danse autochtone ? Il me regarde ensuite avec un sourire ahuri et filme mon arrivée. Je comprends qu'il lisait la gravure inscrite sur le signe géodésique en bronze, situé au sommet du Denali : « *U.S. DEPARTMENT OF THE INTERIOR. UNLAWFUL TO DISTURB.* »

« On l'a fait, camarade ! »
Nous nous enlaçons, il fait étonnamment bon. Chris et Aurel déboulent 10 minutes plus tard. Nous sommes le samedi 13 mai 2023, il est 18 h 15 et nous voilà tous réunis au sommet. Nous regardons vers le nord sans un mot. Nous scrutons notre itinéraire depuis Wonder Lake. Il se trouve à 600 mètres d'altitude et à plus de 60 kilomètres à vol d'oiseau ; il nous a fallu 25 jours pour venir jusqu'ici. Quel trip !

« JE ME FAIS SECOUER LES CHAUSSETTES. »

Nous chaussons maintenant nos skis pour entamer la descente. Devant moi, Chris, suspendu sur cette arête effilée, pose ses spatules dans le ciel. Enfin, il effectue un virage engagé sur la droite et plonge dans la face en grande courbe, poudreuse légère à 6 000 mètres, cadeau du ciel. En quelques secondes, nous sommes sur Football Field. Nous le traversons en mode *straight line* jusqu'à l'entrée de l'*Orient Express*.
Il est bientôt 20 heures. Tout le monde est bien entamé. Aurel ferme les yeux quelques minutes et je démarre le réchaud pour faire de l'eau. Nous sommes dans notre bulle, celle au sein de laquelle nous cohabitons depuis bientôt un mois, notre mini-société avec nos codes, notre langage, notre organisation. Nous échangeons peu, chacun prépare ses affaires et sanctuarise cette journée particulière. La plénitude m'envahit, je touche au sublime, au sens romantique du terme : « La plus forte émotion que l'esprit soit capable de sentir.[2] » Avec ma caméra, je tente de faire une auto-interview mais l'émotion est trop forte et je manque de m'effondrer en larmes à chaque fois que j'ouvre la bouche. Ultra-sensible à 6 000 mètres.
Il est temps d'y aller. Après la rampe de départ entre les cailloux, le couloir plonge et alterne tous les types de neige de haute altitude : plaques de glace sous neige fraîche, neige cartonnée, vaguelettes... Avec mes skis légers et mon gros sac, je me fais secouer les chaussettes et je suis rapidement éreinté. Dans la partie médiane, je fais peu de virages de peur de commettre une erreur. J'admire Chris et Aurel, qui rident l'*Orient Express* avec une classe extraterrestre. Derrière, Hélias et moi soufflons comme de vieux tracteurs. Le couloir est immense : d'après le *time code* de la GoPro d'Hélias, la descente aura duré 47 minutes. Un peu plus de trois quarts d'heure pour un couloir mythique marqué au fer rouge dans notre vie de skieurs aventuriers.

[1] Mal aigu des montagnes.
[2] Citation d'Edmund Burke dans *Recherche philosophique sur l'origine de nos idées du sublime et du beau* (1757). Pour Kant et Burke, le sublime est « indissociable des expériences intenses expérimentées dans la nature, car c'est quelque chose qui nous dépasse, nous attire autant qu'il nous effraie ». À partir du XVIIIe siècle, c'est un pilier du romantisme, on parle de démesure, de frisson, de sauvage dans la peinture ou la littérature.

Hélias et le signe géodésique au sommet.

L'entrée du tobbogan de l'*Orient Express*. En contrebas, tout nous semble minuscule.

ANDREAS FRANSSON

Nouveau coup d'œil à droite : en 2011, Andreas Fransson s'était élancé seul et à vue dans la face sud pour ouvrir une descente surnaturelle mêlant ski extrême, alpinisme engagé et mysticisme. Avec son béret, ses skis sur l'épaule et son rapport radical à l'engagement, ce Suédois plutôt affable a débarqué à Chamonix à la fin des années 2000. En un peu plus de 5 ans, sa vision et son audace ont fait évoluer la pratique du ski extrême en abolissant plusieurs barrières psychologiques. Comme en novembre 2011, lorsqu'après une grosse chute de neige, il ouvre seul le couloir Mallory à l'aiguille du Midi (qui se descend habituellement au printemps) ou lorsqu'il signe, encore en solo, la rampe Whillans en Patagonie (répétée par Aurélien Lardy, Jules Socié et Vivian Bruchez en 2023). Du *big wall skiing* au Fitz Roy. Avec sa démarche de *dandy ski bum*, ses vers et ses virages consignés sur fond blanc, Andreas restera ce skieur-poète inspiré qui a marqué le monde de la montagne durant plusieurs hivers[1]. Cet oiseau blond de passage, au service de la glisse – raide de préférence.

[1] Andreas est décédé dans une avalanche le 29 septembre 2014 en compagnie de Jean-Philippe Auclair, skieur canadien, sur le mont San Lorenzo, au Chili.

Aurel, hyper concentré, à l'attaque de l'*Orient Express*.

Aurel

Nous nous dirigeons à tâtons vers l'entrée du toboggan de l'*Orient Express*. Le vide se fait sentir, nous surplombons les glaciers, mais aussi la plaine et l'entièreté du continent nord-américain, c'est incroyable. Vers l'ouest, nous admirons l'immense mont Foraker et sa fabuleuse *Sultana Ridge*, longue de 16 kilomètres, que nous souhaitons dévaler la semaine prochaine. Mais chaque montagne en son temps...
J'ouvre la voie pour mes compagnons. La neige est dure. Très dure. Chaque virage doit être maîtrisé.

« UNE FOIS SUR LES SKIS, JE ME SENS COMME UN POISSON QUE L'ON REMETTRAIT DANS SON BOCAL. »

Je respire, je suis à ma place. Chris passe devant pour la partie intermédiaire. Je le suis à la trace. Spectateur de notre accomplissement, je trouve cela magnifique. Je n'ai jamais skié de couloir aussi énorme. Ici, tout est démesuré. Alex et Hélias évoluent calmement, ils sont concentrés et nous font confiance.
Plus loin, la pente s'incline encore un peu plus. Le vent a ramené une fine couche de neige sur la glace. Je passe devant et poursuis ma descente au feeling, tranquillement, en slalomant entre les plaques de glace, tantôt visibles, tantôt cachées. Cela devient vraiment intéressant : un savant mélange entre lecture de terrain, concentration et gestuelle technique.

« LA CHUTE EST INTERDITE ICI. »

La chute est interdite ici, alors même que nous approchons du bas de la ligne. Les gars se sont arrêtés et me regardent déchiffrer les pièges qui se dressent çà et là. Je leur propose de mettre une corde s'ils ne se sentent pas à l'aise. Ils déclinent.
200 mètres plus bas, je me retourne et leur dis que les difficultés sont derrière moi. Ils skient un par un, absorbés par la pente, accrochés à leurs carres de quelques millimètres d'épaisseur. Je me régale à les voir évoluer.
Enfin, nous skions tous les quatre dans une poudreuse de rêve, contournant crevasses et séracs dispersés sur notre chemin vers le camp 3.
Nos nouveaux amis, rangers et alpinistes, nous ont suivis tout au long de la descente. Ils sont soulagés de nous voir de retour. Dès notre arrivée, ils nous félicitent. « *That's rad, you are crazy !*[1] » Ils nous offrent des bières fraîches, qui nous paraissent délicieuses. Nous les savourons enlacés les uns avec les autres, les visages fatigués et les traits marqués : nous avons réussi le premier objectif de notre expédition, le plus haut sommet d'Amérique du Nord, le Denali et ses 6 190 mètres d'altitude !

Nous passons la nuit au camp 3 avant de redescendre vers le camp de base. Nous apprenons qu'une tempête fait toujours rage au camp 2 alors qu'ici, le calme règne. Le lendemain, alors que nous plions bagage, un homme arrive au camp. Il est extrêmement lent et semble à bout de forces. C'est le Chilien de 70 ans qui rentre de sa tentative : il s'est arrêté un peu au-dessus du camp 5. Il pleure comme un enfant car il sait, au fond de lui, que sa liste des *7 Summits* ne sera jamais complète.
Nous descendons avec l'aide du GPS dans une météo affreuse où les crevasses et les nuages jouent avec nous. Parfois, nous attendons 10 minutes sous de probables cathédrales de glace masquées par le brouillard. Dès qu'un nuage se déchire, nous exultons : la voie à suivre apparaît... avant que la fenêtre ne se referme et qu'un linceul blanc nous emprisonne de nouveau quelques dizaines de mètres plus bas.
Après une descente qui nous semble interminable, nous rejoignons enfin le camp. C'est glauque, les tentes sont sous la surface de la neige. Les vents furieux sont de retour et font des ravages sur le moral des alpinistes. Cet endroit et ces visages me marquent. Tout le monde attend, abattu, le créneau qui leur permettra de monter plus haut. Nous trouvons des amis venus du monde entier, même de Chamonix, mais nous ne restons pas longtemps ici, juste le temps d'échanger quelques accolades. Quatre heures plus tard, nous sommes de retour au camp de base, épuisés et heureux, le regard déjà tourné vers le Foraker.

[1] « Ça déchire, vous êtes fous ! »

Alex foule les derniers mètres avant le sommet. En arrière-plan, le Foraker et, sous les nuages, la Yentna river qui nous conduira au Pacifique.

Aurel sur les images d'arrivée au sommet

« Je suis vraiment parti sans rien connaître de ce que j'allais trouver. C'était la première fois que je prenais part à une expédition aussi longue. C'était quelque chose qui me faisait rêver mais c'était pas le genre d'expé que j'avais envie de faire pour l'instant en fait.
Le Denali, y'a eu tellement de souffrance pour moi, j'étais tellement dans le dur que j'ai pas eu d'émotion. Je me suis tiré au bout de moi-même, en prenant le temps, en me battant, j'étais doucement sur les pas du MAM… »

PHASE 2

DÉMESURE AU FORAKER

La *Sultana Ridge* et ses 1 900 m de dénivelé. La plus grande descente de notre vie.

Départ au coucher du soleil.

Aurel

La météo n'est pas stable pour les jours suivants, mais elle n'est pas catastrophique non plus. Il y a un créneau ! Nous nous reposons deux jours avant de quitter à nouveau le monde d'en bas pour celui du ciel. Il est 20 heures. Nous échangeons des au revoir et des sourires avec nos amis du camp de base. À peine nous ont-ils vus revenir que nous nous envolons à nouveau. Tels des oiseaux libres, nous visons la *Sultana Ridge*, la plus longue descente de notre vie ! Lorsque nous partons, la lumière est douce et apaisante, le soleil se couche lentement derrière l'imposant Foraker et nous glissons sur une neige d'or.
Pour atteindre le sommet, il faut d'abord passer par celui du mont Crosson que l'on rejoint après 1 800 mètres de dénivelé. Ensuite, nous devons parcourir 6 kilomètres sur une arête très exposée, parsemée de crevasses et de corniches. Puis, dernière étape, la grosse bosse : 1 900 mètres de dénivelé en plein vent pour toucher au Graal, le second sommet du massif, le Foraker, culminant à 5 304 mètres.

Comme le soleil se couche très tard et que notre créneau météo est, pour l'instant, plus rêvé que concret, nous choisissons de gagner quelques heures en partant la veille au soir du camp de base. Nous grimpons jusqu'à 2 heures du matin dans une lumière fantastique de type « nuit américaine » des films de westerns hollywoodiens.

TENSIONS AU CROSSON

Le second jour, alors que nous atteignons le sommet du Crosson, une discussion s'engage : la météo se dégrade à vue d'œil, la visibilité se restreint, tandis que les vents et les nuages recommencent avec leur danse insupportable. Chris prend la parole et exprime tout haut ce que je pense tout bas : « Les gars, c'est compliqué là, je ne sais pas où on va à ce rythme, la météo est vraiment exécrable. »
Le débat s'ouvre, Alex et moi sommes plutôt d'accord avec la remarque de Chris. L'engagement, au-delà de cette limite, devient extrêmement sérieux, il n'y a aucune échappatoire, ni à gauche ni à droite : l'arête est formée d'énormes champignons de neige surplombant des abîmes. Si le temps se dégrade trop, nous risquons d'être bloqués de l'autre côté. Il nous reste trois jours de nourriture.

Nous nous exprimons tous à tour de rôle grâce à la perche de la caméra qui se transforme en bâton de parole.
Aurel : « Le ski ne sera pas bon. La montagne est trop belle. J'en rêve. Mais cette météo, combinée à tout le chemin qui nous reste à parcourir, ça me fait peur… »
Christophe : « Faire le sommet dans des conditions qui ressemblent à ça, où on va se faire arracher la tronche, moi, j'y prends zéro plaisir. »
Mais Hélias est catégorique, il ne fera pas demi-tour. Son objectif le plus cher est juste devant lui. Il nous pose un ultimatum.
L'échange est tendu. Pour l'instant, nous ne sommes pas vraiment en danger. De nombreuses questions se posent, sans vraiment trouver de réponse. Je suis partagé, je rêve de skier cette montagne, si esthétique et si grande. Mais, à cet instant, je ressens de l'appréhension. La visibilité est médiocre et le terrain est exposé au vide, au vent et au froid.
Nous décidons de continuer. Dès lors, tous nos sens sont en éveil maximum. Nous ressentons la fureur du Foraker.

L'accès à l'arête se révèle délicat. Nous avons les skis aux pieds et elle se trouve à quelques dizaines de mètres en contrebas. La visibilité est catastrophique et le vent nous ronge la tête. Nous avons du mal à communiquer sur cette crête effilée avec 1 000 mètres de gaz de chaque côté. Heureusement, nous ne voyons rien, mais une chute ici serait, sans aucun doute, « dommageable »…
Nous nous relayons et essayons de trouver le cheminement le plus sûr. Je décide de passer devant, acceptant l'éventualité du pire. Je skie à tâtons, je ne vois pas à 2 mètres… Je sonde avec mes bâtons puis, avec mes spatules, je ne peux qu'espérer ne pas être sur une corniche prête

Camp improvisé dans la tempête sur l'arête entre le Crosson et le Foraker.

Hélias au sommet du mont Crosson

« Moi, je suis venu pour ça. Non, mais je vous le dis, j'ai déjà fait trois fois le Denali dans ma vie. Le Foraker, pour moi, c'est hyper important. Alors, si vous me dites "maintenant, on fait demi-tour", vous m'entendrez plus du voyage. »

à basculer à tout moment. Petit à petit, je gagne du terrain. Après de longues minutes éprouvantes, suspendu sur cette fine dentelle, je repère le plat de l'arête au travers des nuages, c'est elle qui conduit jusqu'au pied du Foraker. Ouf !
Nous posons le camp dans une crevasse et communiquons avec notre routeur météo. Nous avons une fenêtre de 48 heures devant nous, puis le mauvais temps va empirer. Nous décidons de poursuivre, de nous enfoncer encore plus dans l'engagement et dans le « grand alpinisme », comme le mentionne Hélias.

« NOS ESPRITS NE SONT PAS À LA RETRAITE : ILS VISENT LE SOMMET DE LA MONTAGNE. »

Le lendemain, nous parcourons les 6 kilomètres de cette arête torturée mais incroyablement esthétique, peaux de phoque aux pieds, parfois skis sur le dos pour passer les énormes champignons de neige façonnés par les tempêtes. C'est une journée magnifique, avec très peu de vent et une vue imprenable sur le monstre qui nous attend : la *Sultana Ridge* du mont Foraker. Cette large arête, défoncée par les vents, transperce le ciel. La neige ne sera pas meilleure qu'au Denali et, ici, la descente est plus longue, plus technique et beaucoup plus engagée.
En fin de journée, nous attaquons la base de l'arête. Nous gravissons 200 mètres de dénivelé, puis, nous nous réfugions dans une nouvelle crevasse. Un autre refuge de fortune, douillet et accueillant.
Cette journée constitue véritablement l'un des plus beaux souvenirs de ma vie de skieur. Nous attaquons tôt, car 1 900 mètres de dénivelé nous attendent. La météo est, au départ, très correcte. Mais le vent coiffe déjà l'arête d'hier, rendant impossible toute tentative de repli. Cependant, nos esprits ne sont pas à la retraite : ils visent le sommet de la montagne.
La progression est agréable, nous sommes tous encordés mais, après avoir grimpé 400 mètres de dénivelé, le vent et le froid deviennent saisissants, abominables ! L'ascension est longue : un pied après l'autre, encore et encore. La vue est irréelle. Je n'ai jamais contemplé de paysage si vaste. Les nuages sont partout. Nous et le roi Denali flottons au-dessus du ciel. Au sommet, le vent fait défiler les nuages à toute vitesse, c'est un ballet absolument magnifique.
Il nous faut huit heures pour atteindre le sommet du monstre. Alex est premier de cordée, je le suis d'une dizaine de mètres. Je le vois arriver au point culminant : il exulte, réalisant un rêve d'enfant. D'ici, je peux sentir sa joie. Il me lance sereinement : « Foraker ! On y est, mon frère... » Mes derniers pas se déroulent au ralenti. Les bras ouverts et chauds d'Alex sont prêts à m'accueillir et, dans un ultime mouvement, un ultime sursaut d'énergie, je m'effondre en leur creux. Je revois les trente derniers jours défiler devant moi à une vitesse impressionnante. Nous y sommes parvenus. Enlacés avec Alex, nous pleurons. Quand Chris et Hélias nous rejoignent, nous ouvrons le cercle pour nous serrer, tous les quatre, sur ce sommet du bout du monde. Plus rien d'autre que nous n'existe au royaume des cieux. Mais le vent est terrible et nous ne restons pas longtemps au sommet, rattrapés par la réalité des conditions météo.
Nous chaussons nos skis 100 mètres sous le sommet et attaquons la descente, les yeux rouges et la tête pleine de souvenirs. Devant nous, l'*Orient Express*, dévalé 7 jours plus tôt. La neige est dure et le chemin à parcourir est immense. Le vent est tel qu'à chaque virage, la neige s'envole. C'est un spectacle magnifique. Nous skions tous ensemble, alternant nos positions. Je prends un plaisir dingue à regarder mes copains s'éclater dans ce cadre grandiose.

PHASE 2

SULTANA RID(G)E

Dans le bas de la descente, la tempête est déjà sur le Begguya.

Une ascension surréaliste,
avec toute l'équipe au sommet.

Alex

Aux sommets, je suis souvent blasé, mais aujourd'hui, l'émotion m'a submergé. Avec Aurel, nous nous sommes tombés dans les bras. Nous ne nous connaissions pas avant de partir, mais, depuis un mois, nous tissons une amitié rare, forgée dans la glace de l'Alaska. La pente n'est jamais extrême mais l'ambiance et l'échelle des éléments inspirent un immense respect. 1 900 mètres plus bas, le nuage coiffe toujours l'arête meringuée – elle est infranchissable en l'état. Nous skions face au Denali, unique île émergeant de la mer de nuages. Quel pied !

Nous revenons à la tente en début d'après-midi. Depuis ce matin, nous lorgnons sur ce nuage qui coiffe l'arête. Tant qu'il est là, nous ne pouvons pas rentrer au camp de base. Il serait trop hasardeux de s'engager sans visibilité, avec des passages exposés aux vents violents. Il nous reste de la nourriture : nous n'avons qu'à attendre ici que le nuage s'estompe. Pour l'instant, nous restons dehors, le soleil nous réchauffe. Nous sommes globalement bien protégés. Hélias lance les hostilités : « Merci les gars d'avoir accepté de continuer avant-hier. » Aurel enchaîne : « T'façon on n'avait pas le choix, sinon tu nous aurais fait la gueule tout le reste du voyage. D'ailleurs, c'est pas bien, parce que en disant ça, tu ne respectes pas ma limite. » Je renchéris : « Ouais, j'y ai réfléchi, j'ai trouvé ça hyper égoïste aussi, j'appelle ça une prise d'otage. » Hélias se défend et insiste encore sur l'importance du Foraker à ses yeux. Le ton monte en quelques minutes. Juste le temps de se dire les choses. C'est la manière dont nous fonctionnons. Nous crevons l'abcès et passons à autre chose, peu importe le lieu ou la solennité du moment. Sous la tente, entre les odeurs et la promiscuité, il n'y a pas la place pour les non-dits.

Cinq minutes plus tard, c'est bras dessus bras dessous que nous profitons du paysage en partageant une clope.
Il devient clair que nous ne traverserons pas l'arête aujourd'hui. Plusieurs appels à notre routeur confirment un temps clair, avec peu de vent de sud aux alentours de 4 000 mètres. C'est, d'après Chris, la raison de nos malheurs.

Au petit matin, nous sortons un œil de la tente. L'arête est libérée, nous exultons. Nous nous laissons happer par le vide en faisant crisser nos skis sur le bas de la *Sultana Ridge*. Ce soir, il n'est pas question de dormir ailleurs qu'au camp de base.

Nous refaisons toute l'arête en sens inverse. Au bout de 100 mètres, notre fusible Lardy passe dans une crevasse jusqu'à la taille. Je le rejoins alors qu'il est allongé dans la neige. Il engueule le monde entier et rabâche qu'il déteste les crevasses et qu'en ce moment, c'est une par jour. Je sors la corde et nous repartons.
Une portion de l'arête nous rappelle une vague de 10 mètres qui aurait été figée en un instant. Nous nous faufilons sous la lèvre surplombante et skions le tube en poussant de petits cris, comme des enfants qui s'éclatent dans le parc d'attraction de leurs rêves. En milieu de journée, le ciel devient laiteux. Le sorcier des nuages possède des modèles performants en haute altitude et sur de vastes étendues mais, pour une vision ultra-locale comme le fond du glacier Kahiltna, il a du mal à être précis sur ses prévisions.
Chris s'engage dans une traversée suspendue au-dessus d'un sérac. Il se couche dans la neige et rentre dans la rimaye pour en ressortir un peu plus loin. Cet ultime passage exposé nous permet d'atteindre le col sous le Crosson. Nous pouvons embrasser la dernière partie de cette sortie rocambolesque... Mais, à l'instant, nous n'embrassons du regard qu'une nappe de nuages opaques. Une nouvelle fois, comme un caillou dans nos godasses, une perturbation nous attrape sur la montagne. Sans traîner, nous plongeons dedans. Après un mois au cœur des éléments, nous suivons notre instinct, qui se nourrit de son environnement et de notre animalité retrouvée. Un instant, nous envisageons de passer par un nouvel itinéraire mais, quand la tempête approche, l'animal se met à l'abri par un chemin connu.

Alex : « J'ai trouvé ça très égoïste de ta part. J'appelle ça une prise d'otage.
- Non, c'est pas une prise d'otage. Et toi, t'es pas égoïste des fois ?
- Moi, je travaille sur moi, ma mère est prof de yoga. »

Plus tard : « Ça m'a fait mal ce que tu m'as dit Alex.
- Mais je t'ai dit ce que j'ai ressenti, Hélias. C'est ça, être amis. »

Moment de grâce au sommet.

Quand j'évoque l'animalité, je l'écris au sens de « retrouver un instinct de survie oublié ». Pour que cela se produise, il faut « penser comme une montagne »[1] : ne pas aller à l'encontre des éléments, mais être avec eux. C'est ce *flow* qui est recherché. Alors que nous nous lançons tous les quatre dans cette ultime descente, malgré la mauvaise visibilité et la neige lourde et épaisse, notre esprit est léger et nous savourons l'instant. Nous débarquons sur le glacier Kahiltna vers 21 heures.

L'effet de convection sous le nuage rend la température étouffante. Dans la moiteur de nos sous-vêtements, nous sentons que les ponts de neige que nous traversons et qui surplombent les abîmes doivent, eux aussi, transpirer à grosses gouttes.

Chris se propose d'ouvrir. Hélias le guide au GPS. En troisième position, je filme mes amis qui se heurtent à la réalité du terrain. À l'aller, par temps clair et neige dure, nous avons contourné de profondes crevasses. En quatre jours, le glacier a évolué mais surtout, nous nous enfonçons maintenant jusqu'à mi-mollet, naviguant au milieu de ce dédale. Une heure entière à tâtonner avec le bâton, à faire demi-tour, à hésiter... La trouille de passer à travers est dans tous les esprits. Mais, petit à petit, l'ambiance se détend, le sol semble plus palpable. Tout à coup, une guirlande de fantômes titubants s'imprime sur fond blanc. C'est une cordée qui marche vers le camp 1 du Denali : nous avons retrouvé la civilisation. Alors que la pente se raidit, nous enlevons nos peaux de phoque et glissons en poussant des petits cris de lagopèdes. Nous avons réalisé deux rêves en une semaine et l'aventure est loin d'être terminée.

[1] *Penser comme une montagne* est un texte d'Aldo Léopold rédigé en 1944 comme un appel à respecter et à sauvegarder « *l'intégrité, la stabilité et la beauté* » de la nature. Dans le cas présent, il s'agit de s'y intégrer du mieux possible.

LA RAISON DE NOS MALHEURS MÉTÉOROLOGIQUES

CHRISTOPHE TRICOU

Le vent humide du Pacifique remonte le glacier Kahiltna pour venir buter contre l'immense crête qui sépare le Denali du Foraker. À ce moment-là, il n'a pas d'autre choix que de s'élever pour passer l'arête et redescendre en versant nord. En prenant de l'altitude, les particules d'air chargées en H_2O se refroidissent et gèlent. On assiste alors à la formation d'un nuage appelé orographique. Ce phénomène se rapproche de l'âne que l'on voit parfois sur le mont Blanc.

Vent : ++
Visibilité : nulle
Exposition : +++
Plaisir : subjectif

PHASE 3

LA LONGUE ROUTE VERS L'OCÉAN

J48. Aurel, aux portes du Pacifique, attend le bus de la marée pour Anchorage.

PHASE 3

CIAO BASE CAMP

Chris et Aurel prennent la pose au camp de base, juste avant de rentrer.

Au café du camp de base, avec le Foraker et le Crosson dans les nuages.

Alex

Hier, mercredi 24 mai, nous avons été conviés à un barbecue sur le glacier au camp de base du Denali ! Pessimistes sur la météo, Matt Cornell[1] et ses potes, Jackson Marvell et Alan Rousseau, voulaient liquider leur stock de nourriture. Il y a quelques semaines, ils avaient ouvert une voie majeure sur le mont Dickey, plus à l'ouest dans le massif. Depuis, ils étaient sur le pied de guerre pour tenter un truc dans le coin. Las d'attendre le créneau de beau temps et voyant le printemps s'installer, ils avaient décidé de prendre l'avion le lendemain.

Au camp de base, se trouve le couple Anne Gilbert Chase et Jason Thompson qui envisagent de grimper *Infinity spur* sur la face sud-ouest du Foraker, mais aussi le soloiste Colin Haley qui vit à Chamonix et rentre de son acclimatation sur le Begguya : le fils du Denali. 2 500 mètres de granit, de goulottes et de placages juste au-dessus du camp de base ; parfait pour se mettre en jambes avant d'entreprendre des itinéraires plus engagés. Colin n'est pas pressé, il prend son temps. Pour l'instant, il passe nous voir le matin et nous partageons un café en échangeant les potins de Chamonix. Le soleil transperce les nuages et pénètre directement dans la tente où nous sommes entassés. La fumée du café sculpte le rayon qui dessine l'atmosphère ambiante.

Tous les grimpeurs présents ici font partie de l'avant-garde de l'alpinisme nord-américain. Chaque année, ils se retrouvent dans le sanctuaire du Denali pour défricher ou répéter des voies sur les géants du massif – Denali, Foraker, Kichatna mountains, Ruth glacier… Le dénivelé des faces et l'altitude des montagnes font de chaque itinéraire des aventures longues, difficiles et engagées. Des voyages tant physiques que mentaux. Le contraste entre cette communauté, minoritaire, et les hordes de candidats à la voie normale du Denali est saisissant. Parfois, quatre appareils rouges de K2 Aviation se posent en même temps. Dix passagers par avion descendent sur le glacier. Ils font « trois photos, trois selfies » puis repartent.

[1] À l'automne 2023, les trois compères ouvrent en style alpin en face nord du Jannu (7 710 mètres) *Round Trip Ticket* (2 700 m, M7 AI5+ A0). Pour cette réalisation, ils ont décroché un Piolet d'Or en 2024.

Aurel : « Je respecte, mais c'est marrant le contraste. Nous, on a un peu l'impression d'être des animaux. Comme au zoo. »

À Alex qui arrive en chantant :
« T'as pas l'impression d'être un animal ? Tu sais, comme au zoo, ils sont là, ils prennent des photos et après ils repartent.
- On est du bon côté de la barrière, je crois. »

Aurel avec une voix d'enfant :
« Regarde les gens là-bas, y'a des bestioles.
- J'échangerais pas ma place contre la leur.
- C'est à des années-lumière pour eux, le sommet du Foraker. »

Beaucoup de personnes viennent ici car le Denali fait partie des *Seven Summits*, le challenge pour alpinistes fortunés, qui consiste à gravir le point culminant des sept continents[1]. Ce défi attire de nombreux profanes de l'alpinisme, ce qui explique le faible pourcentage de réussite lorsque les conditions sont difficiles, comme en 2023.

COFFEE AND HUGS FOR FOOD

Dans la matinée, nous taillons un salon pour huit personnes. Sur une luge que nous attachons entre deux skis, nous inscrivons : « *COFFEE AND HUGS FOR FOOD ! (Too dirty for sex.)*[2] » Toute la journée, en échange d'un câlin et d'un Americano, des *summiters* sur le retour nous offrent des denrées. Notre séjour sur ce terrain de camping s'achève ce soir alors qu'un énième brouhaha d'avion vient de déverser une dizaine de grimpeurs prêts à en découdre. Lorsque nous sommes arrivés, il n'y avait guère plus de dix tentes au camp de base. Deux semaines plus tard, nous sommes 300.

[1] L'Everest pour l'Asie, le Denali pour l'Amérique du Nord, l'Aconcagua pour l'Amérique du Sud, le Kilimandjaro pour l'Afrique, le Vinson pour l'Antarctique, l'Elbrouz pour l'Europe et le Puncak Jaya (pyramide Carstensz) pour l'Océanie.
[2] « Café et câlins contre de la nourriture ! (Trop sales pour du sexe.) »

Notre slogan au camp de base, il nous permettra d'échanger des rations de nourriture pour varier un peu le menu.

STATISTIQUES INTÉRESSANTES

■ 47 nationalités différentes se sont croisées en 2023 au camp de base.

■ Cette année-là, parmi les 1 017 personnes qui ont tenté le sommet du Denali, seuls 30 % ont décroché le Graal. Les conditions ont été difficiles, car, en moyenne, le taux de réussite est plutôt de 52 %. Les femmes relèvent sacrément le niveau puisqu'elles ont été 197 à le tenter, avec un taux de réussite à 60 %. Elles représentent 19 % de tous les grimpeurs. Une unité de rangers 100 % féminine est présente chaque année sur la montagne – d'ailleurs, lorsque nous avons skié l'*Orient Express*, elles nous ont accueillis au camp 3.

On retrouve les Japonais au camp de base.

■ Le Foraker, qui est intégralement visible depuis le camp de base, n'a vu que 10 grimpeurs cette année. Nous sommes la seule équipe à avoir atteint le sommet.

PHASE 3

RENAISSANCE

Hélias dans notre cuisine.
En arrière-plan, les caches
qui jalonnent le camp.

Départ sans retour du camp de base du Denali.

Alex

Une ultime fois, les luges sont chargées et nous plions le camp. Nous commençons à glisser vers midi. En quittant notre petit nid, nous faisons de grands gestes à nos amis qui attendent leur vol pour Talkeetna. Ils nous ont filé une bouteille de whisky pour le moral. Gubi Faurot, en charge du camp de base, nous a gentiment offert un filet de saumon fumé par ses soins. De quoi attirer les ours !

Cap à l'ouest, vers un col au pied du Foraker qui nous permettra de prendre pied sur la partie occidentale du massif : le glacier Lacuna puis le glacier Yentna, d'où la rivière éponyme prend sa source. Le voyage horizontal, lent et méditatif de la caravane se remet en place après deux semaines d'aparté vertical. Nous n'avons pas trouvé le nom de ce col ; alors, nous le nommons col Lacuna. C'est le début de l'arête sud-sud-est ouverte en 1976 par une équipe française composée d'Henri et Isabelle Agresti, Hervé Thivierge, Jean-Paul Bouquier, Jean-Marie Galmiche, Gérard Créton et Werner Landry. La voie, nommée *L'arête de l'Indépendance*, a été ouverte en quarante jours et est cotée 6 (maximum de l'échelle de cotation en Alaska). Elle n'a jamais été répétée[1].

Jusqu'au col, nous avalons environ 200 mètres de dénivelé, que nous chérissons car ce sont les derniers positifs de l'expédition. Bien sûr, il y aura des talus et des moraines à gravir. Mais en suivant les bassins versants, le sommet du Lacuna est le glacier d'accumulation pour la rivière Yentna qui nous mènera jusqu'au Pacifique – et donc le dernier point « haut » de notre aventure. Nous rigolons en filmant ce col aux rochers noirâtres et schisteux. Son passage nous ouvre la perspective tangible de la dernière étape de l'expédition : le retour vers la civilisation.

[1] *La femme de Denali* d'Henri Agresti, film sorti en 1977, retrace cette aventure.

Plus que quelques mètres avant le Lacuna pass, le dernier point haut de l'expédition.

Pour des broutilles, une énième dispute éclate cet après-midi. Encore une fois, le malentendu se règle autour d'une clope et d'un câlin. Malgré l'ambiance toujours humide, une légèreté nouvelle s'installe au camp ce soir-là. La perspective d'une descente de 10 kilomètres nous rend guillerets et les blagues fusent. Qu'importe la moiteur, il ne fait pas froid et nous glissons vers le printemps.

LE RÉVEIL DES SENS

La descente s'effectue avec nos luges entre les jambes ; nous avançons sans effort et dans la joie. Vers midi, une bédière se forme. L'itinéraire semble praticable, voire ludique au fond du canyon de glace. Chris fait tout de même un repérage au drone pour éviter de se fourvoyer avec le barda qui, même s'il s'est considérablement allégé depuis l'approche, doit toujours avoisiner les 50 kg. Ainsi, nous nous économiserons de longues heures de marche, car la fatigue commence à se faire sentir à l'aube de la cinquième semaine. La bédière débouche sur le glacier plat qui marque le début de la zone d'ablation du Lacuna. Le commencement des moraines en somme. Nous décidons de faire la pause déjeuner ici car un nouveau bruit, oublié depuis des semaines, emplit nos oreilles de bonheur : le son de l'eau qui coule. Nous allons pouvoir boire à profusion sans avoir à faire fondre de la neige. Après un bon gueuleton arrosé d'eau claire, nous envisageons de sortir du glacier car d'accueillantes prairies nous promettent d'avancer plus rapidement que dans les moraines qui s'annoncent infernales. Ce glacier, dit noir mais encore blanc du fait de la saison, est constitué de centaines de monticules de glace et de sable pouvant s'élever de 100 mètres. D'ici jusqu'au front du glacier où nous devons embarquer pour la rivière, il y a 40 kilomètres. Lors de notre expédition au Logan, nous avions vécu l'enfer des moraines sur 30 kilomètres durant cinq jours. Nous avions dû traverser trois glaciers successifs (Logan, Chitina et Walsh) pour rallier le

« QU'IMPORTE LA MOITEUR, IL NE FAIT PAS FROID ET NOUS GLISSONS VERS LE PRINTEMPS. »

Les derniers mètres à skis, bientôt ce sera le bush, beaucoup moins commode.

début de la rivière Chitina. Notre expérience nous incite donc à passer tout de suite en zone hors glaciaire. Mais avant de prendre pied sur les blancs pâturages, il reste une section assez raide à traverser. Nous nous engluons dans ce « riz blanc », dégradé par la pluie. Nous traçons dans plus d'un mètre de neige lourde, avec des passages en dévers où les luges se retournent immanquablement. L'après-midi s'éternise et il pleut dru.

Avec Hélias, nous faisons la trace devant nos camarades. Après une montée pénible où nous enchaînons les conversions avec les luges, nous débouchons sur un plateau entouré de gros blocs erratiques. Nous décidons de passer la nuit ici. Heureusement, car derrière, la voix agacée de Chris nous parvient : « Ils n'ont pas bientôt fini de bartasser comme ça les idiots du Logan ?! C'est tout bleh[1]. »

Je déchausse mes skis et m'enfonce jusqu'au nombril. Le manteau neigeux est pourri, nous devons tasser une plateforme pour la tente. La pluie incessante nous contraint à nous calfeutrer. L'ambiance hammam aux effluves de chaussettes nous saisit dès l'entrée dans notre abri. Avec les températures positives retrouvées, les odeurs prisonnières du froid depuis le 19 avril se libèrent. Il faut imaginer quatre carcasses qui ont infusé depuis un mois dans la sueur et la crasse et que l'on décongèle. C'est pour nous la phase finale de notre transformation animale. Nous nous redécouvrons olfactivement, curieux de ce sens endormi depuis des lunes. Il ne gèle plus la nuit. Mais nous espérons que demain, le manteau sera moins mou.

[1] Mot patois signifiant neige humide, sans consistance et profonde. On dit aussi que c'est de la patchoc.

La trace de l'ours

« Mhmh, ça va, il doit faire ma taille, il ne me fait pas peur », annonce Aurel après avoir comparé sa main à la trace d'ours.

Alex arrive :

« Après analyse des empreintes digitales, il s'agit d'un *black bear* (ours noir) ou d'un grizzly, plutôt jeune, les traces ont au moins deux jours.

- On va le croiser, renchérit Aurel.
- De toute façon, on est les seuls ici à avoir de l'odeur, continue Hélias.
- Surtout lui, précise Aurel en désignant Alex.
- Oui, c'est sûr, on va le croiser », conclut Hélias en levant la tête. Ses narines vibrent comme pour humer une odeur dans la brise qui remonte le glacier. Il ressemble lui-même à un ours inquiet car conscient d'entrer sur le territoire d'un congénère.

Quand on vous dit que les moraines sont immenses… Au fond, le Foraker et le Denali.

Aujourd'hui, il pleut jusqu'en milieu d'après-midi. Avec la fatigue qui s'installe, c'est dur de trouver la motivation pour ranger et partir. Nous quittons le camp vers 17 heures en longeant la rive gauche par de grands plateaux vallonnés, la neige est moins molle qu'hier. Doucement, le végétal reprend le dessus sur le minéral, nous descendons en altitude et la nature s'éveille après la trêve hivernale. Des rivières et des arbustes apparaissent puis des lagopèdes, toujours en couple. En milieu de journée, nous la croisons. La première du voyage… Elle fait à peu près la taille de la main d'Aurel avec ses gants mais, à la place des traces de doigts, ce sont des griffes qui rayent la surface de la neige.

Nous restons alertes, curieux et inquiets de croiser un museau au détour d'une moraine. Vers 21 heures, nous décidons de stopper la caravane. Ce soir, le camp a une saveur spéciale, une odeur surtout, celle de la terre retrouvée. Avant même d'avoir déchaussé nos skis, nous passons un quart d'heure à respirer ce terreau. Comme des enfants découvrant un nouveau sens, nous sommes transportés « dans le jardin de mon grand-père » décrète Aurel. L'îlot de verdure est détrempé mais pour la première fois, nous sommes hors de la neige. Ce soir, nous gagnons des points de confort.

Le jardin de mon grand-père

Hélias en arrachant une touffe :
« C'est trop bien, l'herbe, ça ! »
Il inspire profondément dans le humus : « Viens voir ! C'est du bonheur. »
Il tend l'herbe à Aurel qui inspire à son tour : « Ah, j'étais dans le jardin de mon grand-père. »

PHASE 3

LE BUSH ET LA MORAINE

Avancer coûte que coûte.
Les peaux de phoques en ont bavé autant que nous !

Pause bien méritée
à l'attaque du bush.

Alex

Enfin du soleil. Devant nous, un large vallon marécageux où des vernes sortent de la neige. Celle-ci est imbibée d'eau turquoise et le soleil qui brille confère au lieu une note exotique, voire tropicale, après un mois entier dans un congélateur. Il faut traverser ces lagons en trottinant pour ne pas s'enfoncer. Nous contournons un éperon qui surplombe le glacier, puis traversons une grande clairière parsemée d'énormes blocs de granit rouge. S'il n'était pas perdu au fond de l'Alaska, cet endroit serait un secteur idyllique pour pratiquer l'escalade de bloc.
Nous évoluons à l'instinct et, toujours, l'itinéraire choisi par le premier est pertinent. Notre sens de l'orientation est d'une fiabilité qui nous étonne nous-mêmes. Je me demande si inconsciemment, nous suivons les odeurs laissées par les animaux qui utilisent ce même chemin. Puisons-nous dans un reliquat de chasseurs-cueilleurs préhistoriques ?

L'après-midi, nous rejoignons un lit de rivière assez large. Il y a de moins en moins de neige et certains passages mixtes – ski/cailloux/luges – sont cocasses. Nous traversons plusieurs cours d'eau à guet en portant les luges à deux. Nous gardons évidemment nos chaussures de ski aux pieds. Enfin, le bush commence sérieusement. Nous le côtoierons jusqu'au bout de l'aventure. Avec ses buissons extrêmement serrés, il est parfois plus facile de le traverser au ras du sol. Après s'être élevés sur les plus hautes cimes d'Amérique du Nord, nous rampons maintenant sous la végétation. D'aigles, nous devenons sangliers, le groin à quelques centimètres des racines.
Souvent les luges se bloquent derrière un rocher ou dans les branches et nous sommes violemment arrêtés dans notre élan. Nous sentons alors la colère de l'épuisement monter en nous. Après une heure à forcer comme des buffles dans un bush particulièrement coriace, nous débouchons dans une clairière qui surplombe la rivière. De grandes plages de galets n'attendent plus

« AVEC CHRIS, NOUS PROGRESSONS DANS L'EAU JUSQU'AUX GENOUX. NOUS SOMMES DANS UN FILM D'INDIANA JONES... »

que notre attirail pour une mise en scène parfaite de la carte postale du trappeur. Une heure plus tard, un feu largement nourri nous irradie le visage alors que le coucher du soleil embrase les montagnes aux alentours. Hier, nous posions le camp hors de la neige ; aujourd'hui, nous allumons un feu. Nous n'avons plus à lutter à chaque seconde pour maintenir une température viable. Longue soirée de relaxation au bord de l'eau, le jour dure presque 24 heures.

Vu l'épaisseur du bush, nous décidons de passer par la rivière. Nous gonflons deux packrafts pour y transporter le matériel. Nous savons qu'à 10 kilomètres se trouve une cascade. Il faudra refaire les sacs mais c'est toujours ça de gagné. Avec Chris, nous progressons dans l'eau jusqu'aux genoux. Nous sommes dans un film d'Indiana Jones... Parfois, des rapides nous obligent à porter le matériel et le bateau en plusieurs voyages. C'est très laborieux, Hélias et Aurel abandonnent au premier palier. Ils décident de tout ranger et de porter d'énormes sacs d'une seule traite. Ils doivent peser aux alentours de 50 kg chacun. Les deux s'aident mutuellement pour se lever. Ensuite, les épaules lacérées, ils marchent 100 ou 200 mètres avant de faire une pause sur un rocher plat. C'est un véritable exercice de torture et, en compagnie de Chris, nous préférons prendre le temps de charger/décharger nos bateaux pour s'épargner les épaules. Nous perdons Hélias et Aurel de vue.
En début d'après-midi, nous arrivons à la cascade. Nous débarquons rive droite pour attendre les autres et déjeuner avant de discuter de la suite du programme. Je vais inspecter la chute d'eau de 40 mètres qui se jette dans les entrailles du glacier. Il est clair que nous ne pouvons plus continuer par là. Pour rejoindre Chris qui est resté avec les bateaux, je décide de marcher le long de la rive et saute dans l'eau en oubliant que la fermeture Éclair de ma combinaison étanche est ouverte. Le flot glacé qui entre me saisit jusqu'aux doigts de pied. Je sors immédiatement mais la combinaison est déjà remplie jusqu'à mi-cuisses. En dessous, je suis tout habillé. Je me fous à poil pour éviter l'hypothermie. J'arrive tout penaud au bateau en même temps qu'Hélias et Aurel qui sont en train de traverser le torrent. Après le récit héroïque de ma chute et les taquineries de rigueur, nous cassons la croûte. C'est le même menu depuis quarante jours : galette de blé industrielle, *beef jerky* ou saucisse reconstituée et cheddar. Le goût, lui, a fortement évolué depuis que les températures sont positives. Le fromage se laisse couper au couteau, ce n'est plus un bloc de glace. Mais, surtout, il révèle des saveurs insoupçonnées. Certaines, aux piments, nous titillent la gorge ; d'autres, au poivre, nous chatouillent le palet. Bref, nous nous régalons, quand, tout à coup, Aurel s'écrie : « Purée les gars, y'a l'ours ! »

Chaque pas, avec ces charges et le courant, demande une attention extrême.

Tous les moyens sont bons pour épargner nos épaules : portage avec les packrafts.

PHASE 3

L'OURS

Drôles de traces ?

Aurel

« L'ANIMAL SE DIRIGE DROIT SUR LE MATÉRIEL QUE NOUS AVONS LAISSÉ DE L'AUTRE CÔTÉ DE LA RIVIÈRE. IL A FLAIRÉ LA NOURRITURE DANS NOS SACS. NOUS CRIONS POUR TENTER DE L'EFFRAYER, MAIS, CURIEUX ET AFFAMÉ, IL TRAVERSE LA VÉGÉTATION À UNE VITESSE FOLLE. EN QUELQUES SECONDES, IL SE TIENT 30 MÈTRES DEVANT NOUS. SEUL LE COURS D'EAU NOUS SÉPARE. IL A L'AIR PEU COMMODE, SE DRESSANT SUR SES PATTES ARRIÈRE ET EXHIBANT SA PUISSANCE. ON SE CHIE DESSUS ! LA SEULE OPTION QUI S'OFFRE À NOUS EST DE LUI FAIRE FACE, DE NOUS REGROUPER, DE LEVER LES BRAS ET D'HURLER COMME DES PUTOIS POUR LUI FAIRE COMPRENDRE QUE NOUS NE SOMMES PAS COMMODES NON PLUS. NOS SILHOUETTES ET NOS CRIS FINISSENT PAR L'ÉLOIGNER. ON A ENCORE EU CHAUD. RIEN NI PERSONNE N'AURAIT PU NOUS VENIR EN AIDE EN CAS D'ATTAQUE. SEULE UNE BOMBE « ANTI-OURS », DU STYLE DÉODORANT AU POIVRE, AURAIT PU NOUS ÊTRE UTILE OU SIMPLEMENT NOUS ASSAISONNER. QUEL MOMENT ! »

PHASE 3

EN RASE-MOTTES SOUS LA « CANOPÉE »

Camp 4 étoiles au bord d'une rivière. Notre premier feu de bois en 39 jours.

Alex

Nous marchons maintenant côte à côte. Aurel et Hélias portent tout leur matériel sur leur dos et, avec Chris, nous tirons nos luges sur l'herbe. Nous surplombons toujours le glacier Lacuna qui fusionne ici avec le glacier Yentna. La veine de glace de 6 kilomètres de large ressemble à un champ de bataille : les lacs glaciaires au pied des pyramides de rochers brisés sont autant de trous d'obus laissés par le combat que mènent les éléments face à l'érosion. La pluie reprend dans l'après-midi. Les luges glissent bien sur l'herbe mouillée. À plusieurs reprises, une zone marécageuse nous oblige à courir pour ne pas voir nos charges couler. Nous longeons le glacier durant de longues heures en lorgnant sur les passages les moins touffus pour y prendre pied. Ensuite, il reste une dizaine de kilomètres de moraine jusqu'au lac qui marque le début de la rivière. La densité du bush et la pente relativement raide nous posent problème. Nous repassons en mode ras du sol. J'ai le nez dans l'humus. L'humidité est ultra-présente, l'ambiance tanique, super sauvage... Je baisse la tête et trace avec ma luge qui se cogne, se bloque, se retourne. Moi, je tire, je souffle, je jure. Ce sont les copains qui me disent quand la luge est à l'envers car je ne me soucie plus de ce qu'il y a derrière moi. Avancer, toujours, peu importe l'obstacle. J'ai des feuilles dans la bouche et la barbe pleine de salive. Hagard, sans émotions, je ne regarde rien de précis mais j'hume tout ce qui se passe autour de moi : les amis, les oiseaux, la pluie, les arbres, les rochers, le glacier... Je suis dans le stade ultime de ma transformation animale. Je le sais car je me trouve dans un des endroits les plus hostiles de la Terre et, malgré tout, je me sens à ma place.
Le taux d'humidité est extrême. Nous n'essayons même plus de sécher. Nos combinaisons étanches sont trempées à l'extérieur par la pluie et à l'intérieur par la sueur. Le tableau de ce camp où tout pend sur les branches mais où rien ne sèche est pitoyable. Mais, nous sommes heureux : nous sommes réunis tous les quatre à une journée de la rivière et cela vaut tout le confort du monde.

Premier portage. Nous traversons le torrent et découvrons le glacier depuis la moraine. Les repérages au drone sont, à nouveau, indispensables dans ce dédale de pierres instables et de pentes abruptes. Parfois, un torrent déboule de la moraine : malgré le courant puissant et les énormes blocs qui parsèment le lit, nous pataugeons dans cette eau glacée avec légèreté. Non pas par ignorance mais par lâcher-prise. Nous débouchons sur une immense plage rocailleuse qui borde un lac magnifique. Sa partie nord est une énorme tranche de glace marbrée qui tombe à pic dans l'eau verte, constellée d'icebergs. Nous avons marché 4 heures. Le matériel est déposé sous des rochers puis nous remontons au camp. À vide, nous mettons une demi-heure. Un nuage nous enserre et il se met à pleuvoir, encore.

Le lendemain, nous arrivons sur une plage ensoleillée en début d'après-midi. Sensation d'accomplissement ultime. Nous relâchons la pression. Normalement, nous n'aurons plus à marcher ni à porter le matériel.

J42. Enfin le lac glaciaire de la rivière Yentna ! Il n'y a plus qu'à se laisser porter jusqu'au Pacifique.

BLUE ICE

PHASE 3

LA RIVIÈRE

Un peu de calme avant d'arriver aux rapides. Ici, nous sommes heureux d'avancer enfin « sans effort ».

Le glacier meurt brusquement dans le lac.

Chris

Départ de la gare régionale d'East Fork Yentna River (lac glaciaire) imminent. Après le tumulte où tous les passagers embarquent dans le train, vous connaissez cette sensation : ce moment précis où vous vous laissez tomber dans un fauteuil confortable, valise rangée au-dessus de la tête, jambes croisées. Paisiblement, vous oubliez la course contre la montre pour attraper le train. Le coup de sifflet retentit, les rames se mettent en tension et le train s'ébranle. Les yeux fermés, vous soufflez, le voyage sans effort peut commencer.

En ouvrant les yeux, je ne suis pas assis dans mon fauteuil SNCF mais dans mon petit bateau gonflable. J'ai une pagaie dans les mains et je navigue sur les eaux froides d'un lac entouré de glace. Derrière, notre petite plage d'embarquement et de dernière nuit. Devant, un cap un peu flou, à peu près « par là-bas ». Mais peu importe, nous n'avons plus de sac sur le dos. Plus rien à soulever, ni porter, ni tirer, ni faire glisser, plus d'allers-retours. Tout est à bord : skis, chaussures, luges, bidons de kérosène, tente, duvets, nourriture… Et ça flotte ! Nous avançons tous les quatre, à la force des bras. Sur ce lac, au milieu des glaçons, nous retrouvons cette douceur de la glisse que nous recherchons dans toutes nos activités.

J'aime l'eau. En apnée, en foil, en surf ou en voile, je m'y sens bien. Je me réjouis de voir arriver la fin du lac et les premiers rapides, sûrement sous-estimés, cependant, car repérés uniquement grâce à des photos satellites. Le dénivelé du début de la rivière a l'air important, on parle de *whitewater*[1]. Si à skis nous tentons de nous approcher de la verticalité, en rivière, quelques degrés d'inclinaison sont largement suffisants. L'unique entraînement effectué en avril dernier sur la Dranse avec Adrien, chef de base en eaux vives, nous a donné un avant-goût de ce qui nous attend… à taille micro !

ACCLIMATATION DE CLASSE IV

Changer d'élément est toujours compliqué quelle que soit la discipline ou le niveau. Alors, aujourd'hui, monter dans un bateau gonflable surchargé pour attaquer des rapides de classe III/IV, après 43 jours à analyser la neige, le vent et les crevasses est un exercice digne d'un contorsionniste. Personne n'est détendu.

[1] Littéralement « eau blanche », une zone de rapides.

J1 de la descente.
Hélias en pleine ride
dans les rapides.

Alex

La prise en main des packrafts est encore hésitante. Les bateaux chargés sont peu maniables. Nous effectuons quelques ronds dans l'eau. Par endroits, une petite banquise est formée sur la surface. Il faut la casser avec la pagaie pour se frayer un chemin. En aval, la rivière s'échappe et, déjà, le premier rapide se présente à nous. Adrien nous avait prévenus : lorsque l'eau quitte l'horizon, c'est qu'il y a un seuil. Vu notre expérience en rivière, il est préférable d'aller voir à pied avant de s'engager. Nous nous asseyons sur un bloc et imaginons la ligne de navigation parmi les marmites, les contre-courants et les blocs qui parsèment la rivière.
Tout à coup, le maître kodiak apparaît sur l'autre berge. L'ours brun, c'est le roi ici. Il peut mesurer jusqu'à 3 mètres et pèse en moyenne une demi-tonne. Son calme nous rassure et il y a une rivière entre nous : nous pouvons sauter dans nos bateaux pour nous enfuir en cas de besoin. Nous restons silencieux pour admirer la bête. Nous nous dévisageons mutuellement puis il fait volte-face et repart tranquillement dans le bush.

Les panneaux solaires permettent de recharger tous les appareils électroniques.

Chris

La vallée s'ouvre de plus en plus. Nous nous écartons doucement des hauts sommets et sortons du massif qui nous retenait prisonniers depuis plusieurs semaines. Les paysages se mélangent entre le bleu du ciel et le vert des arbres que nous retrouvons enfin et cette rivière qui ramène la vie et glisse jusqu'à l'océan.

Rien ne ressemble à chez nous. J'ai l'impression d'ouvrir un livre, c'est extraordinaire. Je laisse les autres me distancer pour réaliser où je suis. Je me trouve dans un fond d'écran d'ordinateur, dans une affiche publicitaire pour de l'eau plus pure que pure ou alors dans un magazine *GEO*, édition spéciale « Découverte des contrées perdues d'Alaska ».

Je passe mon temps à faire des 360° dans l'eau, à tourner sur moi-même pour capter chaque instant. Pour que ce tableau surréaliste s'ancre à jamais dans ma mémoire.

Au fur et à mesure de la descente, nous inventons de nouvelles techniques pour franchir les rapides, avec les cordes ou à la nage. Dès que ça bouge un peu, nos rafts se remplissent d'eau très rapidement et deviennent beaucoup moins maniables. Ils avaient été imaginés pour traverser les fjords de Patagonie. Alors ici, ils boivent un peu la tasse et nous obligent à effectuer des haltes régulières pour les vider.

Aurel

Il est clair que je ne suis pas arrivé au 43e jour indemne pour me retrouver à la flotte ici, dans la rivière. Alex ressent la même chose : notre expérience en kayak est trop faible pour ce genre de parcours. Nous portons nos bateaux et notre barda sur la rive jusqu'au point où la rivière décide de se calmer. Christophe et Hélias, plus téméraires et expérimentés, descendent ce rapide impressionnant à bord de leurs embarcations. Nous filmons, corde à la main, prêts à intervenir en cas de besoin.

L'hostilité des éléments redevient acceptable

Quand ça devient trop technique il ne faut pas hésiter à porter pour ne pas finir à l'eau comme Hélias.

Chris à l'œuvre.

In extremis.

Alex

Nous continuons dans des zones de classe II/III. L'échauffement passé, nous enchaînons les sections sans repérages préalables. Chacun à notre tour, nous ouvrons la voie. Être en tête est toujours stressant lorsque nous devinons l'accélération des flux. C'est lors d'un de ces seuils qu'Hélias se retrouve acculé contre un pleureur : il dessale instantanément. Impossible d'esquimauter avec ces paquebots surchargés, il faut déscratcher la jupe et sortir du bateau. Nous sommes équipés de combinaisons étanches et de gilets de sauvetage mais le pauvre Hélias boit la tasse et s'en tire avec une petite frayeur. Touché mais pas coulé, il conjure le mauvais sort plus loin en négociant avec brio une section en classe III/IV : une puissante veine entre deux rappels où il ne faut surtout pas se retrouver. Chris s'amuse comme un enfant alors que je n'en mène pas large. L'engagement du parcours et mon état de fatigue ne m'incitent pas du tout à tenter le diable. Je commence à être sérieusement entamé et déteste l'eau froide. Avec Aurel, nous portons notre matériel sur plusieurs sections.

Nous contemplons, en arrière-plan, la partie occidentale du massif du Denali, avec le superbe mont Dall et les Kichatna mountains, bien connues des grimpeurs givrés, attirés par les goulottes qui rayent leurs fabuleux murs de granit.

DANS L'ÎLE AUX ENFANTS, C'EST TOUS LES JOURS LE PRINTEMPS

Lors des portages, Chris s'amuse à passer les étroitures en restant à genoux sur les bateaux. Il se tient aux rochers et explore la rivière : c'est son jardin d'enfants à lui. Il est heureux. Nous savons que, dès demain, la rivière se calmera et que la suite sera tranquille jusqu'à l'océan.

Au second jour de la descente.

« C'EST COMPLÈTEMENT DINGUE, IL Y A QUELQU'UN QUI VIT ICI. »

Chris

Hélias allume le premier feu des vacances pour sécher le matériel et une belle pierre plate sert de plancha pour nos galettes au fromage. Après tous ces repas congelés ou en bouillie, sentir le fromage fondu vous couler entre les doigts tend au divin, c'est comme à la maison. Nos pieds respirent enfin. Je crois même que nous les lavons. Enfin, je ne sais plus trop, peu importe. À quoi ça sert de laver les jantes d'un C15 ? Elles reprendront la même couleur demain. Le second jour, le lit de la rivière devient gigantesque : la branche est de la Yentna fusionne avec la branche ouest issue des Kichatna mountains. Le bal des animaux commence. Nous avons l'impression d'être dans un documentaire. Nous nous lançons dans le jeu du « t'as vu là ? » et du « regarde de l'autre côté ! ». Ce matin, alors que nous débriefons tranquillement en nous laissant porter par le courant, une maman élan et ses deux petits sortent de la forêt pour nous suivre au galop sur une centaine de mètres. Nous sommes tout proches de la berge : le spectacle est saisissant. Les pygargues à tête blanche, icônes du pays, attendent la saison des saumons, postés sur les berges ou perchés au sommet des grands arbres. Les castors élargissent le lit de la rivière. Les loups jouent à cache-cache.

La météo est mitigée mais, avec le vent dans le dos, on avale les kilomètres. Alors que je suis devant, j'aperçois des formes colorées en rive gauche, derrière les buissons. J'avance comme un enfant persuadé d'avoir trouvé un trésor, en criant aux autres : « Des embarcations ! C'est des canoës, les gars ! »

SARAH McCURDY

Une toute petite maison de bois se dessine, totalement fondue dans les couleurs de la forêt. De la fumée sort de la cheminée. Nous sommes comme des fous : « C'est complètement dingue, il y a quelqu'un qui vit ici. » En quelques coups de pagaie, nous atteignons la petite plage, devant la maison. Nous courons frapper à la porte. Mais qui va ouvrir ? Quel genre de personne vit ici ? Autour, il n'y a rien. Rien d'autre que la rivière, la forêt et leurs habitants à fourrure, plumes et écailles.

L'incroyable Sarah McCurdy et son fidèle compagnon après quinze hivers dans sa cabane perchée sur la Yentna.

Une femme finit par ouvrir. Ses yeux trahissent un étonnement aussi grand que le nôtre. Nous : combinaisons étanches vertes ou rouges, barbes de 40 jours. Elle : bonnet de laine, veste à carreaux et jean, la cinquantaine. Elle nous sourit. Sa maison ? Un décor de conte pour enfants. Petite, en rondins, avec des raquettes de trappeur accrochées sur la façade et une paire de bois d'élan au-dessus de la porte. Elle nous invite à entrer pour un thé bien chaud. Elle s'appelle Sarah McCurdy et n'en revient pas de notre périple. Nous, nous n'en revenons pas qu'elle n'ait pas mis les pieds en ville depuis plus de deux ans. Elle n'a, d'ailleurs, plus de pièce d'identité valide. Elle et son mari ont quitté la Floride en 2008 après avoir acheté ce terrain sur Internet. Depuis, elle n'a plus bougé, sauf pour quelques provisions et examens médicaux. Son mari travaille dans le sud de l'Alaska en tant que *fly-fishing guide*[1]. Il est absent tout l'été. Sarah reste ici avec leur chien et protège la cabane des ours. Parfois, des chasseurs passent lui rendre visite. Mais nous sentons à son débit de parole qu'elle ne voit pas grand monde. Elle finit par nous proposer de passer la nuit dans la maison de ses voisins. Dormir dans un lit ? Quelle drôle d'idée, mais nous acceptons avec plaisir. Cependant, pour ouvrir une cabane hivernée au milieu de l'Alaska, il s'agit d'être équipé : visseuse, arrache-clou, semelles renforcées pour les planches à clou et, une fois à l'intérieur, ne pas déclencher le fusil à plomb posé sur la table. Tout contre le vandalisme des ours. Après avoir bu une bière et mangé du saumon fumé sur des tartines de beurre, nous nous couchons tous les quatre dans des grands lits moelleux. Je ne suis pas bien. Comme un renardeau perdu loin de ses frères et sœurs habitués à dormir collés. Cette chaleur me manque. Le lendemain, nous nous réveillons avec des petits pains maison et de la confiture. Après une longue matinée à échanger, nous nous mettons à l'eau vers 14 h 30. Nous saluons notre hôte depuis nos embarcations avant de reprendre le fil de notre voyage. À plus tard, qui sait !

[1] Guide de pêche à la mouche.

PHASE 3

BACK TO THE USA

J4 de la descente.
Une auberge, un burger et…
Facebook ?

Sur la rivière, le temps s'étire
et les corps se prélassent.

Chris

Les jours s'enchaînent au fur et à mesure que la rivière prend du volume, que les cabanes fleurissent le long des berges, que nos épaules et nos biceps grossissent pour, bientôt, ne plus rentrer dans les combinaisons. Les petits *bush planes* nous survolent, les roues à fleur d'eau, et nous saluent du bout des ailes. De nombreux locaux prennent leurs quartiers sur la rivière pour le week-end. Ils rejoignent leur cabane en bateau ou en avion. Nous quittons doucement notre monde sauvage pour retrouver la civilisation au doux son des moteurs à explosion.
Pour gagner du temps, nous cuisinons sur les rafts, accrochés ensemble. Le courant d'une rivière, c'est magique : il nous rapproche de l'arrivée, même sans pagayer.

BURGERS À LA *YENTNA STATION*

Le samedi 3 juin au soir, nous nous arrêtons dans une petite auberge-restaurant très célèbre dans la région, la *Yentna Station Roadhouse*. À l'intérieur, des dizaines de posters de mushers dédicacés ornent les murs. Ce sport est peu connu en France, mais ici, les hommes et les chiens font figure de héros.
Ce n'est pas encore la saison estivale ; alors, Jean Gabryszak, la patronne, est la seule à nous accueillir. Lorsque nous entrons dans l'auberge, nous ne sommes que trois, l'un range encore son packraft sur la plage. Elle nous souhaite la bienvenue sans ménagement avec un accent issu du fin fond du bush : « *Where is the other one ?* »
Nous sommes bouche bée. Elle enchaîne :
« *You're the French guys, right ?*
– *Yes, but how do you know us?* »[1]
C'est à ce moment-là que nous comprenons tout l'amour de l'Amérique profonde pour Elon Musk. Elle tapote sur le modem Starlink posé sur le comptoir : « *Everybody's heard about your trip around here.*[2]» Elle poursuit en nous montrant toutes les photos que Sarah McCurdy a postées sur le groupe Facebook des amis de la Yentna. Hier, plus haut sur la rivière, nous avions

[1] « Où est l'autre ? »
« Vous êtes bien les gars français, non ?
– Oui, mais comment vous nous connaissez ? »
[2] « Tout le monde a entendu parler de votre voyage ici. »

Un doux avant-goût de notre retour à la civilisation.

également croisé un hors-bord qui remontait cette dernière à toute berzingue. Il arborait un énorme drapeau « Trump 2024 » et un autre « Fuck Biden » avec un doigt d'honneur. À son bord, deux Américains bien portants, casquette de *trucker* et bière à la main. Il nous a semblé que l'un d'eux a crié : « *Hi, crazy Frenchies !* » Mais dans le boucan et les vagues, nous n'avions pas relevé la mention. Nous pensions être incognito, le fait est que le groupe Facebook compte 2 300 membres et qu'Elon permet à tout ce petit monde d'échanger en direct.
Adorable, Jean nous ouvre son frigo et nous déniche chacun un burger, des frites et des bières locales. Nous sommes bien aux États-Unis ! Ce n'est pas franchement bon, mais j'avale trois Snickers. Délicieux. En quelques instants, je me sens complètement sorti du voyage, de notre aventure. Je ne suis pas encore prêt à ça. Partons vite d'ici !
Après avoir papoté un long moment, rechargé nos batteries et embarqué de l'eau douce dans de grands bocaux à cornichons (qui n'ont presque plus le goût du vinaigre), nous repartons. Le nombre croissant de bateaux et d'habitations sur les berges nous incite de moins en moins à boire directement l'eau de la rivière.

« C'EST LE DERNIER RELIEF AVANT L'OCÉAN PACIFIQUE. »

Le lendemain, nous retournons pour un temps à la vie sauvage. Les cabanes disparaissent car nous avons dépassé la jonction avec la rivière Susitna. Sur notre droite, nous apercevons le mont éponyme, une jolie colline qui émerge au milieu de la grande plaine marécageuse. C'est le dernier relief avant l'océan Pacifique. Une odeur familière nous alerte d'ailleurs : l'iode. En fin de journée, la rivière semble se mélanger avec le ciel, plus aucune masse verte ne vient bloquer l'horizon. Nous y sommes, c'est le delta de la rivière Yentna. Ma montre Garmin avec GPS intégré dans une monture taillée dans la masse à Cluses l'annonce : « altitude 0 ».
Nous nous laissons porter par le courant, chacun dans ses pensées. Ce soir, nous dormons dans ce qui semble être le dernier champ avant l'océan. Des milliers d'oiseaux volent dans un ballet aérien, pendant que les phoques, curieux de leurs nouveaux voisins, nous scrutent depuis la mer. Le coucher du soleil est au-delà des mots, l'eau vitreuse reflète les nuages en feu. Nous avons les horaires de la marée : demain, elle monte à partir de 14 heures et nous permettra de remonter le Cook Inlet sur 30 kilomètres, ce bras de mer qui nous ramènera directement à la civilisation. Un endroit bien connu pour ses courants forts, dont les locaux nous ont beaucoup parlé : « *very dangerous my friends* ». C'est parfait, si c'est *dangerous* dans le bon sens, nous arriverons encore plus vite. Nous ne pouvons pas nous planter, le plan est sans accroc. Tous les quatre dans les hautes herbes, nous nous endormons sous les étoiles.

LES MUSHERS, CES HÉROS

À l'hiver 1925, une épidémie de diphtérie sévit dans la ville de Nome sur la côte ouest de l'Alaska. Les conditions climatiques ne permettent pas d'acheminer le sérum par avion ou par bateau. Un relais de mushers est alors organisé pour apporter l'antidote à travers la taïga et le long des rivières gelées. En tout, vingt mushers se succèdent pour parcourir les 1 080 kilomètres depuis Anchorage. Pour commémorer cet exploit, une course est organisée sur le même parcours depuis 1973. Elle a lieu en mars et la *Yentna Station Roadhouse* en est la première étape.

PHASE 3

L'AVENTURE JUSQU'AU BOUT

Jusqu'au dernier jour,
les éléments nous auront broyé
le corps et l'esprit.

Au matin du J48.

Chris

Départ par grand beau temps, combinaisons ouvertes et lunettes de soleil dans le calme plat. Nous nous enfonçons dans le delta par un labyrinthe de méandres nous conduisant à l'océan. D'immenses bancs de sable apparaissent tout autour de nous.

Un petit avion en provenance d'Anchorage passe à basse altitude ; comme d'habitude, nous lui faisons de grands gestes pour dire coucou. Il exécute un 360° au-dessus de nous pour nous saluer. Nous crions comme des enfants.

OCÉAN...

Nous voilà sur la dernière plage avant l'océan. Dans une heure, la bascule aura lieu et l'eau commencera à remonter sur des kilomètres : ce sera notre train pour Anchorage. Il ne reste plus qu'à monter dedans. Pour l'instant, nous piquons un roupillon sur le quai. Naïfs que nous sommes, nous ne nous rendons pas compte tout de suite que le vent s'installe, réglé comme la marée, mais dans le sens opposé. Au réveil, nous sentons tous qu'il faut filer de là rapidement. La tranquille balade en bateau se transforme en retraite de Russie. Il nous faut rejoindre la côte au plus vite. Mais le vent est trop fort et nous reculons vers le large. Nous devons nous battre durant une grosse heure, parfois en ramant, parfois à pied à tirer le bateau à l'eau et sur les bancs de sable ou de glaise. Des passes plus profondes, encore insignifiantes ce matin, se transforment en piège avec des courants et des ondes de marée qui remontent le delta.

Le calme avant la tempête.

Premier jour dans l'océan. Tenter de jouer avec la marée pour se faire pousser vers Anchorage ? Pari perdant !

Aurel

Lors des grandes marées, l'eau peut se retirer jusqu'à 10 kilomètres de la côte. Nous sommes au milieu du delta. À cet endroit, rester dans les bateaux et attendre reviendrait à se faire happer par l'océan. Alors, nous commençons à marcher dans l'eau vers la côte. Puis à courir. Nous sommes à 3 ou 4 kilomètres de la berge. L'exercice est compliqué, stressant. Nous nous encourageons. Il faut tenir.

Nous alternons : tantôt dans les embarcations à ramer comme des malades, tantôt sur nos pieds, à glisser sur le sable détrempé. La marée continue de monter. On doit traverser des lagunes et des lits de rivières qui rejoignent l'océan. Nous avançons, luttant contre le courant et le vent qui résonne dans nos têtes. L'eau atteint la hauteur de notre poitrine.

Je suis en troisième position. Je me retourne pour jeter un œil à Alex qui ferme la marche. Et là, je vois une vague. Elle arrive depuis l'océan. Je lui hurle de se dépêcher. Je l'imagine déjà balayé, disparaissant dans le déferlement. Mais, il évolue plutôt sereinement. Nous finissons par retrouver la côte. Nous avons très peu avancé et sommes encore à plus de 30 kilomètres du port d'Anchorage. L'eau cède sa place au sable, parfois mouvant. Alex se fait piéger et doit en sortir, seul. Face au vent, nous ne l'avons pas entendu crier à l'aide.

Alex

Notre horde du contrevent s'est ébranlée depuis deux heures. Une fois en sécurité sur la berge, nous pourrons digérer cette déconvenue et réfléchir à la suite. La retraite est violente, aucun de nous n'avait envisagé ce scénario. Dans ma tête, je n'avais plus à porter ou tirer de charge. Mon corps n'est pas préparé à ce nouvel effort. Lorsque j'essaie de m'inscrire dans les traces des autres, je n'arrive pas à allonger le pas autant qu'eux. Par endroits, toute ma chaussure coule sous la surface, je la retire dans un bruit de succion. Le bateau que je tire pèse une tonne avec l'effet ventouse.

… ET SABLES MOUVANTS

Alors que je dois, une énième fois, sortir ma chaussure de son piège de boue, je la sens partir. Je ne peux pas prendre le risque de me retrouver pieds nus ici : je bouge mon pied pour faire de la place. Grosse erreur : dans les sables mouvants, chaque mouvement supplémentaire vous coule davantage. D'abord prise à la rigolade, cette situation commence à m'inquiéter quand j'ai du sable jusqu'aux genoux. Je tente alors d'appeler mes amis qui se trouvent 20 mètres devant moi. C'est quand je comprends qu'ils ne m'entendent pas que je commence à paniquer. Je suis seul. Je crie et m'enfonce encore plus : j'ai maintenant du sable jusqu'à la taille. Je pleure comme un enfant. Ce n'est pas possible, je ne vais pas mourir aussi connement en regardant mes copains qui s'éloignent.

Je me concentre pour me calmer. Dans mon affolement, j'ai oublié qu'un bateau gonflé se tient derrière moi. Je m'accroche alors au boudin pour essayer de sortir. Je sens que c'est possible mais que je vais y laisser mes pompes. Comment vais-je pouvoir marcher 30 kilomètres sans chaussures ? Je réfléchis la tête posée sur mon packraft et les jambes dans le sable, j'ai envie de dormir. Qu'aurait fait MacGyver dans cette situation désespérée ?

En reliant la pagaie à ma batterie de téléphone, je devrais pouvoir fabriquer un prototype d'hélicoptère et me tirer de ce guêpier par le ciel. Je regarde la charge : 15 %. *Damned !* Avec une batterie pleine, j'aurais pu rallier Anchorage sans effort…

Alors que je fouille le fond de mon embarcation en quête d'idées moins farfelues, je découvre l'objet qui me sauve la vie : une pelle. Je creuse tout autour de mes jambes pour m'extraire, avec mes chaussures. Je roule sur le côté, couvert de boue, j'en ai plein la figure. Je ris et je pleure à la fois.

J'arrive une bonne heure après les autres dans une cabane de chasseurs. Il y a de l'eau, des chocolats, des lits et surtout, nous sommes à l'abri du vent qui rend fou. Lorsque je raconte l'histoire des sables mouvants aux copains, ils n'en reviennent pas. Pour le futur, nous nous promettons de faire plus attention les uns aux autres.

Un peu de réconfort avec une nuit dans une cabane de pêcheur. Idéale pour faire face à l'avant-dernier jour.

Chris

Ce soir, au menu, c'est repos et discussions tendues : « Demain, on fait quoi ?
– Si le vent reste le même, pas le choix : il faudra continuer à pied. »
Moi, je rêve de poursuivre par l'eau mais il faut avancer. C'est très dur pour mon moral de marcher en portant tout notre matériel de navigation à quelques mètres seulement de l'eau. Aujourd'hui, j'apprends beaucoup de la frustration.

LA SCISSION DES VAGABONDS

Le lendemain, de grandes plaines s'étendent devant nous : herbe rase de type prés salés et boue séchée. Nous marquons une pause sur les restes d'un avion qui s'est écrasé ici il y a plusieurs années. Nous marchons sur une dizaine de kilomètres jusqu'à l'embouchure de la rivière Little Susitna. C'est ici que nos chemins vont se séparer : je ne continue pas à pied. Tirer un bateau en longeant la côte, je trouve ça complètement con. Alex est d'accord avec moi. Aurel, lui, est catégorique : il traversera simplement la rivière pour reprendre la voie terrestre en face. Il ne veut pas risquer de se retrouver face au courant et devoir tout refaire à l'envers. Hélias le suit. Je lance :
« Rendez-vous ce soir à McKenzie Point, OK ?
– OK les gars, bonne chance », rétorque Aurel.
Bien installés dans nos bateaux, nous saluons nos amis restés sur la berge. Déjà, le courant nous emporte vers le large. Dès que nous passons la pointe entre la fin de la rivière et l'océan, 5 kilomètres après avoir embarqué, le courant et le vent arrivent exactement de là où nous nous dirigeons. Notre option que l'on pensait physiquement « *light* » se transforme vite en cauchemar.

J49. L'ensauvagement est total.

McKenzie point, enfin !

« NOUS RECULONS ! »

Nous reculons ! Collé à la côte, Alex arrive à avancer, mètre par mètre, centimètre par centimètre. Impossible d'arrêter de pagayer ! Après plusieurs heures de bagarre, nous faisons le point. Nous avons parcouru 7 kilomètres, il en reste encore 13. Ma montre qui indique la vitesse affiche des chiffres ridicules : moins de 1 km/h. Je n'ai pas fait maths sup mais j'arrive quand même à en déduire que nous sommes partis pour treize heures de plaisir à longer la côte boueuse. Alors, je me mets à chanter et, comme par magie, plus je chante, plus le chiffre de la vitesse augmente. Je crois que les dieux m'entendent ! Le vent s'arrête. Le courant renonce à nous contrer et la pluie fait place au soleil. Je fonds en larmes. Pas une seule fois cela ne m'est arrivé depuis le début, mais là, j'aime particulièrement ce moment. Je suis heureux d'avoir tenté l'option océan. Lorsque l'objectif semble si compliqué, alors, quand vous l'atteignez, la victoire n'est que décuplée.

« *You're a big guy for yourself*[1] ». J'aime beaucoup cette phrase, elle est importante dans notre génération réseaux sociaux où le regard des autres prend de plus en plus d'importance. Aujourd'hui, je suis fier de moi et pas seulement de cette arrivée, mais de tout ce voyage depuis le début. Et fier d'avoir osé partir avec ma hanche encore fraîchement opérée. Alors, toutes ces émotions sont là.

Alex est à quelques longueurs de bateau derrière moi. Je patiente avant le point de rendez-vous pour finir ensemble. « Nous avons réussi, Alex. À nous deux. Notre option était bonne aussi. Bravo et merci. »

[1] « Tu es un grand homme pour toi-même ».

J48. Aurel dans les Susitna Flats.

Aurel

Ma décision est prise depuis la veille et je n'en démordrai pas : « Les gars, je ne retournerai pas dans l'eau, je marche jusqu'au cap McKenzie. »
Chris souhaite absolument emprunter la voie de l'eau et je respecte sa décision. Alex est à bout de forces et ne se voit pas marcher : il pense que c'est impossible vu son état actuel. Hélias, lui, hésite. Solidaire, il ne veut pas me laisser marcher seul le long de la côte. Il m'accompagne donc pour ces 30 kilomètres de marche éreintante sur les Susitna Flats, remplis de boue et de rivières à traverser avec nos charges sur le dos. Il nous faut passer rapidement ces obstacles avant la prochaine marée. Nous nous sommes donné rendez-vous ce soir au bout de la plage, à seulement 4 kilomètres de navigation de la ville.
La journée se passe sans nouvelles de nos compagnons. Pour nous, elle est terrible, nous avons parfois de la boue jusqu'aux hanches. Nous sommes à court d'eau et de nourriture. Heureusement, nous croisons plusieurs petites cabanes qui sont disposées çà et là sur la lande. Nous en ouvrons une et mettons la main sur quelques vivres périmés et un peu d'eau. Peu importe, nous ingurgitons tout ce que nous trouvons pour nous rassasier.
Nous ne savons plus où nous sommes. Ici, l'étendue d'herbe laisse place à une grande forêt. Nous suivons une vieille piste à l'abandon. Nous nous sentons à la fois exposés et éloignés du monde et, en même temps, si proches de la civilisation. Nous sommes des vagabonds, tirant nos luges dans ces bois boueux et infestés de milliers de moustiques. Nous enfilons nos vestes et nos cache-cous comme des cagoules malgré la chaleur. De cette façon, les moustiques ne peuvent plus déguster notre sang, sûrement très goûteux après 49 jours de maturation. Nous ne savons pas comment procéder pour retrouver les autres. Dans une dernière communication, nous parvenons à leur donner notre position. Ils devraient nous rejoindre aux alentours de 5 heures du matin, avant que la marée ne redescende et ne rende notre traversée trop périlleuse. Hélias et moi nous endormons au coin du feu après une journée éreintante. Proches du foyer, les milliers de moustiques ne peuvent pas s'attaquer à nous.

J49

Hélias à Aurel dans les Susitna Flats :

« Est-ce que tu trouves ça beau, ici ?
- C'est trop beau mais je commence à m'en foutre un peu. Tu vois ? Aujourd'hui, j'en ai plus rien à faire que ce soit beau. J'ai envie d'être là-bas. J'en ai marre. J'ai mal aux jambes, j'ai mal au dos, j'ai mal aux épaules. »

J8 de la descente en packraft. Les paillettes pour le dernier jour ? Évidemment !

Chris

La tête en arrière, posée sur le boudin du packraft, nous restons un long moment silencieux. Le courant nous emmène maintenant. Nous accostons avant de nous endormir sur la plage dans nos combinaisons. Plus tard, je trouve un petit filet d'eau qui suinte de la falaise de terre. Quel bonheur ! Cela fait de nombreuses heures que nous n'avons plus d'eau.

J'ai la sensation d'être un enfant qui joue encore dehors avec ses amis à la nuit tombée, quand sa maman l'appelle pour rentrer se doucher. Au loin, les lumières de la ville scintillent et le bruit des avions nous ramène doucement à la réalité. Demain, de l'autre côté, le monde que nous avons créé à nous quatre depuis 50 jours prendra fin.

Hélias et Aurel dorment ailleurs. C'est la première fois depuis le début de l'expédition que nous ne passons pas la nuit tous ensemble. Dans un ultime message avec eux, nous avons convenu de nous retrouver sur une plage vers 5 heures du matin pour traverser et rejoindre Pascal et Yohan qui nous attendront dans le port d'Anchorage.

J50. Dernier gonflage pour l'ultime ligne droite.

Aurel

Après un cache-cache épique sur la plage de McKenzie Point où, pour la dernière fois, nous nous lançons des noms d'oiseaux à la figure, nous retrouvons Chris et Alex pour boire le café tous ensemble avant d'embarquer. Anchorage est juste là, à 4 kilomètres. Nous sentons la frénésie de la société moderne sur l'autre rive. La base américaine la plus proche de la Russie est juste en face de nous et les manœuvres vont bon train.

ON NE MARCHE QU'UNE FOIS SUR LA LUNE

Pour traverser le Knik Arm[1], le fjord qui nous sépare d'Anchorage, nous choisissons l'heure de la bascule des marées. Il nous faut attendre qu'elle soit complètement haute pour se lancer. Le marnage est si important à cet endroit qu'il serait impossible et très dangereux de ramer contre le courant. Après une heure sur une mer d'huile, nous approchons enfin du port. Durant ces ultimes coups de rame, nous nous remémorons ce voyage, cette aventure hors norme que nous venons de vivre et qui nous a liés à tout jamais. Nous rentrons différents, nous ne sommes plus les mêmes qu'au départ, 50 jours plus tôt.
Une famille de bélugas vient nous saluer et glisse à quelques mètres de nos embarcations comme un dernier salut du *wild* avant le retour à la civilisation.

[1] Le prolongement du Cook Inlet.

La traversée du fjord est avalée en une heure à peine...

... Nous accostons dans Anchorage.

« L'AVENTURE EST TERMINÉE… ENFIN, C'EST CE QUE JE CROYAIS. J'AVAIS TANT DE QUESTIONS AU DÉPART ET J'AI EU LA CHANCE DE TROUVER DES RÉPONSES. »

Ce 7 juin 2023, l'aventure se termine... enfin, c'est ce que je croyais. J'avais tant de questions au départ et j'ai eu la chance de trouver des réponses. Je suis vraiment fier de la persévérance et de la force que j'ai découvertes en moi. J'ai trouvé ma voie : la combinaison du ski et d'aventures de grande ampleur en terre sauvage m'a rempli d'un immense bonheur et de la plus profonde des satisfactions.

Le plus dur reste, me semble-t-il, devant moi : revenir sur Terre. Ou, du moins, essayer de m'en rapprocher un peu plus chaque jour. Depuis mon retour, je me sens comme un vétéran de guerre – riche d'expériences et d'aventures, mais aussi perdu dans le monde furieux que je viens de retrouver. Je suis allé au plus près de la nature, de l'état sauvage, mais non sans cicatrices. Désormais, quand je fais face à la foule, quelque chose en moi se bloque. Je me sens étouffé, étrange. À mon retour, j'ai souffert d'une sorte de dépression qui a duré environ six mois. Aujourd'hui encore, mon cerveau lutte contre des pensées et des émotions qui, parfois, me submergent.

Ce fut le plus beau et le plus dur voyage que j'aie vécu jusqu'à aujourd'hui, avec des compagnons uniques en leur genre. Ces 50 jours m'ont rendu meilleur et un peu plus calme. Je rêve encore de grandes escapades avec ces mêmes camarades.

Alors... en route !

Aurel : « On aperçoit Anchorage ! Ça y est, on voit Anchorage ! Ahah. Droit devant. On voit les buildings, c'est un truc de malade. On est encore loin mais on s'en approche. On est parti de tellement loin, j'ai regardé. On est à plus de 250 kilomètres du point de départ à vol d'oiseau. C'est débile ! »

LE RÉALISATEUR

L'équipe à nouveau au complet,
au bout 50 jours et plus ou moins
500 km d'expédition.

Lendemain de soirée à Talkeetna.

Yohan Guignard

« NOUS SOMMES AVEC PASCAL DANS LE PORT D'ANCHORAGE. LUI AVEC SON TÉLÉPHONE ET MOI AVEC MA CAMÉRA, NOUS SCRUTONS LA BAIE EN FACE DE NOUS À LA RECHERCHE DE QUATRE SILHOUETTES SUR LEURS PACKRAFTS. DEPUIS NOTRE ARRIVÉE HIER, C'EST LE STRESS. »

Les quelques échanges de textos et une vague conversation téléphonique avec les gars nous ont fait comprendre que c'était compliqué. Ils se sont séparés, je rêvais d'une arrivée groupée, je suis déçu. Mais, finalement, un dernier message nous rassure, ils vont terminer ensemble. Prêt à dégainer la caméra, j'aperçois quatre points noirs sur l'horizon. Un immense cargo passe devant eux, les montagnes en arrière-plan. L'instant est magique. Ils se rapprochent, nous commençons à les entendre. Ils débarquent face à nous ; sous leurs paillettes et leurs visages bouffés par les barbes hirsutes, les sourires sont là, la fatigue aussi… et l'odeur surtout. Ils sentent le sauvage, le feu de bois et l'aventure. L'instant est émouvant, je filme mais je veux les prendre dans mes bras. J'attends un peu avant de leur poser la question qui me hante dont je n'avais aucune réponse depuis 50 jours : avez-vous réussi à filmer ? Clope au bec, Alex sort un petit sac étanche. Il me sourit, ils ont énormément filmé et toutes les cartes SD sont là.

Je vais passer 3 jours enfermé à tout répertorier, faire des back-ups afin de m'assurer de ne rien perdre. Je suis impressionné qu'ils aient réussi à capturer autant d'images dans des conditions si difficiles. Je me promets de les honorer en réalisant le meilleur film possible avec leurs images. Quelques mois plus tard commencera le montage, qui dépassera 50 jours. Avec Hugo Clouzeau au montage, Alex en comparse d'écriture et la prod en soutien, j'allais être bien entouré pour cette aventure intense : mes jours sauvages.

LE PRODUCTEUR

Pascal Barneville

« PRODUIRE *LES JOURS SAUVAGES* RESTE POUR MOI LA PLUS BELLE AVENTURE DE PRODUCTION QUE J'AIE PU VIVRE JUSQU'ICI. MAIS AUSSI, LA PLUS FOLLE ET, SANS DOUTE, LA PLUS STRESSANTE. CETTE AVENTURE A DÉMARRÉ 4 MOIS AVANT LE DÉPART DE L'EXPÉDITION ET S'EST TERMINÉE UN AN ET DEMI PLUS TARD, À LA PREMIÈRE DU FILM AU CHAMONIX FILM FESTIVAL. HÉLIAS, AURÉLIEN ET CHRISTOPHE VONT ENFIN DÉCOUVRIR LE FILM ET ALEXANDRE, QUI A ACCOMPAGNÉ YOHAN ET HUGO DANS LE TRAVAIL D'ÉCRITURE ET DE MONTAGE, VA LE VOIR ENFIN FINALISÉ – NOUS AVONS LIVRÉ LE FILM AU FESTIVAL SEULEMENT LA VEILLE DE LA PROJECTION. »

↑ Le 15 juin 2024 à Chamonix, après la première projection des *Jours sauvages* au Chamonix Film Festival (prix By Fair Means), avec toute l'équipe de l'Endroit Films.

« J'AI DÉCOUVERT DES MECS GÉNIAUX, PASSIONNÉS, ENGAGÉS, UN BRIN FOUS (MAIS JUSTE CE QU'IL FAUT) »

Le passage de la rimaye, c'est maintenant. L'épreuve ultime de la cordée sauvage que nous formons désormais a lieu devant tous les amis chamoniards, la famille, les pairs montagnards. Je me souviens du regard que nous avons échangé avec Yohan à l'entame de cette projection, d'avoir guetté les réactions de nos quatre amis alpinistes pendant les 82 minutes du film.
Allaient-ils rire, frémir, pleurer ?
Allaient-ils aimer ou être déçus ?
Avons-nous été à la hauteur de leur confiance et de notre amitié ?
Avons-nous réussi à retranscrire une part de ce qu'ils avaient vécu ?

Les lumières se sont tamisées, la salle s'est plongée dans l'obscurité, le silence s'est installé et le film a enfin commencé.

Il y a un an et demi, quand, à la demande d'Hélias, nous avons accepté, avec mes associés Maud Deschambres et Bastien Ehouzan, de nous embarquer dans leur aventure et d'essayer de produire leur film d'expédition, je les connaissais à peine.
Hélias, alpiniste de génie, aventurier jusqu'au-boutiste et Piolet d'Or au grand cœur et Alexandre, figure excentrique chamoniarde, monoskieur de pente raide et alpiniste inspiré, formaient la base de la cordée. Bientôt rejoints par Aurélien, skieur de pente raide et Christophe, grand skieur et surdoué du parapente.
Cette cordée, Hélias et Alexandre me l'avaient expliqué, devait être solide techniquement, mais aussi et surtout humainement. Elle devait être à l'épreuve des difficultés qu'ils allaient rencontrer inévitablement ensemble et ne pas exploser au premier désaccord.

De mon côté, j'avais également un casting à réaliser et dont l'évidence s'est très rapidement imposée : Yohan Guignard, réalisateur de documentaires, sensible et curieux, presque étranger aux films de montagne et d'aventures, apportera un regard neuf sur cet univers. Il sera épaulé par Alexandre à l'écriture et Hugo Clouzeau au montage.
Et puis, les premières surprises sont apparues, moi qui pensais avoir affaire à des pros de l'organisation, à des stakhanovistes du détail.
À leur place, je crois que je n'aurais eu de cesse de parcourir la *check list* :

- crampons : OK
- piolets : OK
- permis : ...

J'ai découvert des mecs géniaux, passionnés, engagés, un brin fous (mais juste ce qu'il faut) et tellement confiants sur nos capacités respectives à mener ce projet qu'ils en avaient oublié de valider leur permis d'ascension.
Cette soirée de négociation avec les rangers du parc du Denali, scène d'ouverture du film, a scellé notre amitié. Elle marque le véritable point de départ de l'aventure qui aurait pu être abandonnée ce soir-là. Quand on regarde le film, on en rit, mais je peux vous assurer que sur le moment, la tension était palpable et nous étions loin de nous marrer.

« EN 50 JOURS, LE PRINTEMPS S'ÉTAIT INSTALLÉ. L'ALASKA AVAIT CHANGÉ DE VISAGE ET DE PARFUMS. EXACTEMENT COMME NOS QUATRE BAROUDEURS. NOUS NOUS APPRÊTIONS À LES REDÉCOUVRIR, TRANSFORMÉS ! »

À partir de là, la recherche des financements et du matériel technique a pu démarrer, à un rythme effréné. Nous avions 3 mois devant nous.
Habitué des financements classiques du cinéma et de l'audiovisuel, j'avais peu d'espoir dans notre capacité à lever les fonds nécessaires à l'expédition et au film dans un délai aussi court. C'était sans compter sur la force du groupe et la réactivité des marques outdoor qui comprennent les plannings forcés par les saisons et les conditions en montagne.

Alors, ils se sont joints à la grande aventure : l'hôtel *La Couronne* à Argentière pour commencer. Fraîchement racheté par deux frères amoureux de la montagne et amis de longue date. Mon ami Kevin Meade, emballé par cette aventure folle, qui allait en plus rallier dans son sillage Martin Pellet, le fondateur de La Brasserie Fondamentale et deux autres compagnons passionnés de montagne, Damien Dernoncourt et Emmanuelle Caron. Puis, Blue Ice, partenaire d'Hélias de longue date, Picture, Garmin, Scott, Plum, Arab Bank, Lagoped, Green Rope, Elan, Moken, Powertec, Lyofood, Simond, Samaya et enfin le FODACIM (Fonds d'aide au cinéma de montagne). Tous nous ont fait confiance, tous ont accepté le pari fou de financer ce projet dont l'issue était loin d'être garantie. J'en profite à nouveau pour les remercier chaleureusement de leur confiance. Nous avions le financement, nous avions le matériel, nous avions les permis, nos billets d'avion et une date de départ pour Anchorage : la cordée sauvage était prête à s'élancer. En moins de 3 mois, nous étions presque prêts ! Les derniers préparatifs et premières images se feraient en Alaska, une semaine avant le grand départ dans le *big wild*.

De nombreuses anecdotes ont ponctué ces 7 jours d'intenses préparatifs durant lesquels j'essayais tant bien que mal de faire régner l'ordre et la paix (ce qui m'a valu mon étoile de shérif). Je retiens en particulier le chaos qui régnait dans le salon, notamment toutes les affaires d'Alex éparpillées qui attendait le dernier jour, comme une conjuration du sort, pour s'organiser et préparer son matériel.
Au rythme des allers-retours dans les supermarchés, les quincailleries et autres magasins spécialisés, les choses prenaient petit à petit forme : les bateaux semblaient disposés à bien vouloir

flotter, des kilos de fruits secs, de fromages et de viandes séchées venaient compléter les lyophilisés dispersés dans le garage. Le test du chargement des luges avec la pesée allait pouvoir avoir lieu. Verdict : environ 110 kg chacune.
Tout en leur prêtant main-forte mais, surtout, en documentant les préparatifs, nous achevions, avec Yohan, de rassembler et d'organiser le matériel vidéo. Yohan discutait avec chacun, prodiguant conseils et consignes. Un soir, il organisa la projection du film *Gasherbrum, la montagne lumineuse* de Werner Herzog devant lequel, je crois, presque tous s'endormirent. Au final, ils furent tous réceptifs.
Durant les 50 jours d'expédition, nous n'osions pas casser la bulle dans laquelle ils s'exprimaient pour savoir s'ils arrivaient à documenter leur aventure. Yohan, timidement, leur demandait grâce au système inReach mis à disposition par Garmin : « Vous avez pu filmer un peu ? » Il n'obtenait guère de réponses claires sur le sujet : « Hier, nous avons skié le Denali, c'était incroyable… »

Pour leur arrivée, nous les avons attendus à Anchorage. Nous avions loué une maison pour les accueillir. J'avais rempli le frigo de viandes, de poissons, de légumes, prêt à leur préparer un festin. En 50 jours, le printemps s'était installé. L'Alaska avait changé de visage et de parfums. Exactement comme nos quatre baroudeurs. Nous nous apprêtions à les redécouvrir, transformés ! Après que le courant les a fait dériver vers la base militaire de l'US Air Force, nous les avons aperçus au loin qui descendaient le fjord pour rejoindre Anchorage. Quelques minutes plus tard, nos amis ont jailli du *wild* sur leurs frêles esquifs, tels des oies sauvages. Incroyable bonheur que de les retrouver !

Pendant trois jours, Yohan s'est enfermé dans sa chambre pour sauvegarder les images alors que le barbecue, la machine à laver et les douches de notre camp de base fonctionnaient à plein régime.
Après la parenthèse, gravée dans ma mémoire, de leur retour sur la même planète que nous et de nos premiers échanges, nous sommes allés saluer les rangers de Talkeetna, point de départ de leur épopée. L'après-midi et la nuit qui s'ensuivirent restent dans les annales des fêtes que j'ai vécues : un petit bar local, le *Fairview Inn*, transformé en karaoké pour la soirée, a vibré de toute notre énergie et de l'insatiable besoin de célébrer le bonheur des retrouvailles. La cloche du bar se souvient certainement de la folie qui s'est emparée d'Aurel qui, malgré nos avertissements, ne pouvait s'empêcher de la faire retentir. Chaque coup de cloche signifiait une tournée générale prélevée directement sur sa carte bancaire restée derrière le bar. Notre karaoké team de *Frenchies*, tout en paillettes, semblait inarrêtable et c'est finalement vers 10 heures du matin que la fête s'est finie. Rassasiés, engourdis, mais heureux comme jamais et vibrant à l'unisson.

Il est 22 heures ce 15 juin 2022 : la première projection des *Jours sauvages* s'achève sur le grand écran du cinéma *Vox* de Chamonix. Avec Yohan, nous retenons notre souffle, le générique défile avec les photos argentiques de l'expédition et la musique de mon amie Phoebe Killdeer.
J'ai les larmes aux yeux.
La salle vibre, s'anime et, enfin, applaudit.
Je me tourne vers Alexandre, Hélias, Christophe et Aurélien.
Ils sont heureux.

Pari gagné, je souffle enfin.

Remerciements

ALEXANDRE, AURÉLIEN, CHRISTOPHE ET HÉLIAS REMERCIENT :

LA FAMILLE ET LES AMIS, YOHAN GUIGNARD, PASCAL BARNEVILLE, MAUD DESCHAMBRES, ISMAËL BENAZOUZ, BASTIEN EHOUZAN, MARION BLANCHARD POUR SA CONFIANCE, CAMILLE BERNARD-CRESSOL ET MICHEL BARTHELEMY POUR LEUR PATIENCE, HUGO CLOUZEAU, LILY CLAIRE, BLUE ICE, HÔTEL *LA COURONNE*, PICTURE, PLUM, GARMIN, ARAB BANK, SCOTT, LAGOPED, ELAN, MOKEN, LYOFOOD, SAMAYA, GREEN ROPE, POWERTEC, FODACIM, PETZL, SIMOND, CHAUSSETTES MONNET FRANCE, JAWS, CATARAFT, LE GROUPE MILITAIRE DE HAUTE MONTAGNE, MARK WESTMAN, JOHN BRUEK ET LES RANGERS DU PARC DU DENALI, ROBIN MILLER ET SARAH HELEN, SARAH MCCURDY, YAN GIEZENDANNER ET LA *YENTNA RIVER ROADHOUSE*.

YOHAN ET PASCAL REMERCIENT :

LA FAMILLE ET LES AMIS, HÔTEL *LA COURONNE*, BLUE ICE, PICTURE, GARMIN, SCOTT, PLUM, ARAB BANK, LAGOPED, GREEN ROPE, ELAN, MOKEN, POWERTEC, LYOFOOD, SIMOND, SAMAYA, FODACIM, KEVIN MEADE, MARTIN PELLET, DAMIEN DERNONCOURT, EMMANUELLE CARON, JEAN-BAPTISTE ET ÉTIENNE PUECH, CARLO ZEZZA.

Bibliographie

LIVRES

Baba Ram Dass, ***Remember, ici et maintenant***, R. Dumas, 1975.

Bridwell Jim, ***Défonce verticale. Confessions d'une légende de l'escalade***, Nevicata, 2016.

Burke Edmund, ***Recherche philosophique sur l'origine de nos idées du sublime et du beau***, 1757.

Leopold Aldo, ***L'Éthique de la Terre. Suivi de Penser comme une montagne***, Payot et Rivages, 2019.

Washburn Barbara avec Washburn Bradford et Freedman Lew, ***The Accidental Adventurer: Memoir of the First Woman to Climb Mt. McKinley***, Epicenter Press, 2001.

Washburn Bradford avec Freedman Lew, ***An Extraordinary Life, The Autobiography of a Mountaineering Icon***, Westwinds Press, 2013.

FILMS

Gasherbrum, la montagne lumineuse, Werner Herzog, 1985.

Délit au Denali, Alain Grelet, 1999.

Aventure en Alaska, Patrice Aubertel, 1981.

La Femme de Denali, Henri Agresti, 1977.

Crédits photos

Plat I : (haut) « C'est quand qu'on arrive ? » © Alexandre Marchessau, (centre) « Ça en valait la peine non ? » © Alexandre Marchessau, (bas droite) © Hélias Millerioux, (bas centre) © Hélias Millerioux et (bas droite) © Christophe Tricou.
Dos : (haut) © Alexandre Marchessau et (bas) © Aurélien Lardy.
Plat IV : (à gauche de haut en bas, puis à droite de haut en bas) © Freepik, © Hélias Millerioux, « Jusqu'ici tout va bien ! » © Christophe Tricou, © Christophe Tricou, « Une petite clope ? » © Hélias Millerioux, © Alexandre Marchessau, © Alexandre Marchessau, © Alexandre Marchessau, © ruskpp/Adobe Stock et « Qu'est-ce que je fous là ? » © Hélias Millerioux.
Pages de garde avant : (de gauche à droite et de haut en bas) © Aurélien Lardy, © Hélias Millerioux, © Aurélien Lardy, © Aurélien Lardy, © Christophe Tricou, © Aurélien Lardy, © Hélias Millerioux, © Alexandre Marchessau, © Alexandre Marchessau, © Alexandre Marchessau, © Hélias Millerioux, © Christophe Tricou, © Aurélien Lardy, © Alexandre Marchessau, © Hélias Millerioux, © Hélias Millerioux, © Christophe Tricou, © Aurélien Lardy, © Aurélien Lardy, © Hélias Millerioux, © Hélias Millerioux, © Christophe Tricou, © Aurélien Lardy, © Alexandre Marchessau, © Aurélien Lardy, © Aurélien Lardy, © Aurélien Lardy, © Aurélien Lardy, © Christophe Tricou, © Christophe Tricou, © Aurélien Lardy, © Alexandre Marchessau, © Pascal Barneville, © Aurélien Lardy, © Alexandre Marchessau, © Christophe Tricou, © Christophe Tricou, © Alexandre Marchessau et © Pascal Barneville.
Pages de garde arrière : (de gauche à droite et de haut en bas) © Alexandre Marchessau, © Alexandre Marchessau, © Alexandre Marchessau, © Christophe Tricou, © Alexandre Marchessau, © Hélias Millerioux, © Hélias Millerioux, © Aurélien Lardy, © Aurélien Lardy, © Christophe Tricou, © Alexandre Marchessau, © Alexandre Marchessau, © Hélias Millerioux, © Aurélien Lardy, © Christophe Tricou, © DR, © Hélias Millerioux, © Christophe Tricou, © Hélias Millerioux, © Aurélien Lardy, © Christophe Tricou, © Hélias Millerioux, © Alexandre Marchessau, © Alexandre Marchessau, © Aurélien Lardy, © Aurélien Lardy, © Christophe Tricou, © Aurélien Lardy, © Christophe Tricou, © Alexandre Marchessau, © Hélias Millerioux, © Christophe Tricou, © Alexandre Marchessau, © Pascal Barneville, © Aurélien Lardy, © Christophe Tricou et © Aurélien Lardy.
p.3 : (toute la page) © Alexandre Marchessau ; p.6-7 : (au centre) © Yohan Guignard, (haut) © Christophe Tricou, (gauche) © Alexandre Marchessau, (droite haut) © Christophe Tricou et (droite bas) © Alexandre Marchessau ; p.8 : © Christophe Tricou ; p.9 : © Hélias Millerioux ; p.10 : © Marie Termignon ; p.11 : © Marie Termignon ; p.13 : © Alexandre Marchessau ; p.14 : © Jeremy Bernard ; p.15 : (toute la page) © Jeremy Bernard ; p.16 : © Jeremy Bernard ; p.17 : (haut) © Thomas Delfino et (quatre visuels du bas) © Yohan Guignard ; p.18 : (Hélias Millerioux) © Alexandre Marchessau, (Christophe Tricou) © Alexandre Marchessau, (Aurélien Lardy) © Christophe Tricou et (Alexandre Marchessau) © Hélias Millerioux ; p.19 : © Christophe Tricou ; p.20 : © Christophe Tricou ; p.21 : © Christophe Tricou ; p.22 (de gauche à droite) © Alexandre Marchessau, © Alexandre Marchessau, © Christophe Tricou et © Alexandre Marchessau ; p.23 : © Christophe Tricou ; p.24 : © Aurélien Lardy ; p.25 : © Christophe Tricou ; p.26 : © Alexandre Marchessau ; p.27 : © Alexandre Marchessau ; p.28 : (toute la page) © Yohan Guignard ; p.29 : © Alexandre Marchessau ; p.30 : (haut) © Alexandre Marchessau et (bas) © Christophe Tricou ; p.31 : (haut) © Yohan Guignard et (bas) © Alexandre Marchessau ; p.32-33 : © Alexandre Marchessau ; p.34 : © Alexandre Marchessau ; p.35 : © Christophe Tricou ; p.36 : © Hélias Millerioux ; p.37 (haut) : © Alexandre Marchessau et (bas) © Christophe Tricou ; p.38 : © Aurélien Lardy ; p.39 : © Christophe Tricou ; p.40 : © Hélias Millerioux ; p.41 : © Alexandre Marchessau ; p.42 : © Aurélien Lardy ; p.44 :© Christophe Tricou ; p.45 : (haut) © Alexandre Marchessau et (bas) © Aurélien Lardy ; p.46 : © Aurélien Lardy ; p.47 : © Aurélien Lardy ; p.48-49 : © Alexandre Marchessau ; p.49 : © Aurélien Lardy ; p.50 : © Alexandre Marchessau ; p.51 : © Alexandre Marchessau ; p.52 : © Hélias Millerioux ; p.53 : © Christophe Tricou ; p.54 : (toute la page) © Christophe Tricou ; p.55 : © Christophe Tricou ; p.56 : (haut) © Christophe Tricou et (bas) © Alexandre Marchessau ; p.57 : © Aurélien Lardy ; p.58 : © Alexandre Marchessau ; p.61 : © Alexandre Marchessau ; p.62-63 : © Alexandre Marchessau ; p.64 : © Alexandre Marchessau ; p.65 : © Aurélien Lardy ; p.67 : (de haut en bas) © Christophe Tricou, © Christophe Tricou, © Christophe Tricou et © Alexandre Marchessau ; p.68 : © Alexandre Marchessau ; p.70 : © Hélias Millerioux ; p.71 : (haut) © Hélias Millerioux et (bas) © Christophe Tricou ; p.72 : © Hélias Millerioux ; p.73 : © Alexandre Marchessau ; p.74 : © Hélias Millerioux ; p.75 : (toute la page) © Hélias Millerioux ; p.76 : © Hélias Millerioux ; p.84 (gauche) © Alexandre Marchessau et (droite) © Aurélien Lardy ; p.78 : © Alexandre Marchessau ; p.79 : © Hélias Millerioux ; p.80 : © Christophe Tricou ; p.81 : © Christophe Tricou ; p.82-83 : © Hélias Millerioux ; p.84 : © Alexandre Marchessau ; p.85 : (gauche) © Hélias Millerioux et (droite) © Alexandre Marchessau ; p.86 : © Christophe Tricou ; p.88 : © Alexandre Marchessau ; p.89 : © Christophe Tricou ; p.90 : (haut) © Alexandre Marchessau et (bas) © Aurélien Lardy ; p.91 : © Aurélien Lardy ; p.92-93 : © Christophe Tricou ; p.94 : © Hélias Millerioux ; p.95 : © Aurélien Lardy ; p.96 : © Alexandre Marchessau ; p.97 (haut) : © Alexandre Marchessau et (bas) © Christophe Tricou ; p.98 : © Alexandre Marchessau ; p.99 : © Hélias Millerioux ; p.100 : © Aurélien Lardy ; p.101 : © Christophe Tricou ; p.102 : © Christophe Tricou ; p.103 : (toute la page) © Alexandre Marchessau ; p.104 : © Aurélien Lardy ; p.105 : © Christophe Tricou ; p.106 : © Hélias Millerioux ; p.107 : (haut) © Alexandre Marchessau et (bas) © Christophe Tricou ; p.108 : © Alexandre Marchessau ; p.109 : (gauche) © Hélias Millerioux et (droite) © Freepik ; p.110 : © Christophe Tricou ; p.111 : (gauche) © Christophe Tricou et (droite) © Aurélien Lardy ; p.112-113 : © Christophe Tricou ; p.114 : © Alexandre Marchessau ; p.115 : © Alexandre Marchessau ; p.116 : © Christophe Tricou ; p.118 : (toute la page) © Alexandre Marchessau ; p.119 : (haut) © Hélias Millerioux et (bas) © Christophe Tricou ; p.120 : (toute la page) © Alexandre Marchessau ; p.121 : © Alexandre Marchessau ; p.122 : © Hélias Millerioux ; p.123 : © Alexandre Marchessau ; p.124 : © Alexandre Marchessau ; p.125 : © Christophe Tricou ; p.126 : © Christophe Tricou ; p.127 : (haut) © Christophe Tricou et (bas) © Hélias Millerioux ; p.128 : (haut) © Hélias Millerioux et (bas) © Christophe Tricou ; p.129 : (toute la page) © Christophe Tricou ; p.130 : © Aurélien Lardy ; p.131 : (gauche) © Hélias Millerioux, (droite haut) © Hélias Millerioux et (droite bas) © Christophe Tricou ; p.132 : © Christophe Tricou ; p.133 : (toute la page) © Alexandre Marchessau ; p.134 : © Christophe Tricou ; p.135 : (gauche) © Alexandre Marchessau et (droite) © Yohan Guignard ; p.136 : (haut) © Freepik et (bas) © Hélias Millerioux ; p.137 : © Christophe Tricou ; p.138 : © CFF Chamonix Film Festival ; p.140 : © Hélias Millerioux ; p.142 : © Roger l'Espagnol.

Achevé d'imprimer en France en septembre 2025 par SEPEC - 20137250536,
sur papier provenant de forêts gérées de manière durable.

PEFC
10-31-1470